全国幼儿园特色课程系列

QUANGUO YOUERYUAN TESE KECHENG XILIE

家园共育课程

董颖春·著

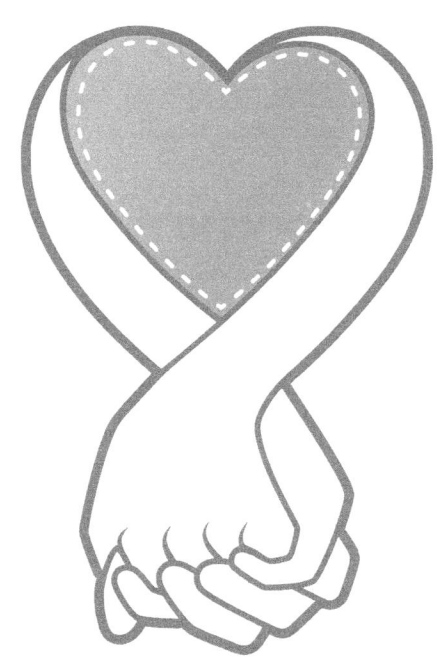

复旦大学 出版社

前言 | Foreword

幼儿教育是一项系统工程，幼儿的发展受到幼儿园、家庭和社会等多方面因素的影响。家庭是幼儿成长发展的第一个环境，父母是孩子的第一任老师。对于学前阶段的幼儿来说，家庭和家长对他们发展的影响作用更大。《幼儿园教育指导纲要》（以下简称《纲要》）指出："家庭是幼儿园重要的合作伙伴。应本着尊重、平等、合作的原则，争取家长的理解、支持和主动参与，并积极支持、帮助家长提高教育能力。"随着《纲要》的贯彻和落实，家园共育已受到广大幼教工作者的关注和重视，成为幼教改革和发展的一个趋势。因此，做好家长工作形成教育合力成为我们探索研究的方向。

从20世纪90年代末开始，我们不断探讨和家长沟通的方式。家长会、家长开放日是幼儿园早期进行家园共育的主要方式，幼儿园以此来加强与家长的沟通联系，让家长了解幼儿园的工作和幼儿在园情况。随着活动的逐步开展，我们发现家长会、家长开放日等家园联系方式太单向，造成了家长单独活动、合作意识淡薄等等问题，阻碍了家园共育工作的顺利进行。为了调动家长关心、支持、参与幼儿园教育和管理的积极性，2004年我们成立了家委会，邀请家长以合作者的身份，参与和协助幼儿园的教育和管理，促进幼儿园向更高层次发展。

在与家长不断沟通、交流、合作过程中，我们与家长建立了一种合作、互补的关系。在双向互动中，唤醒了家长的主体意识，转变了家长的教育观念，家园携手，共同促进幼儿健康成长。

　　家委会的不断成长、不断进步也带动着幼儿园的持续发展,各种活动的开展让家委会更加成熟、完善。2008年我们重新开始思考:如何始终保持家委会鲜活的生命张力?我们最终把目光投向了"课程"。课程是教育之法,是实施教育的蓝本,家委会模式在幼儿园运作成熟之后,我们开始探索家园共育课程,以家委会为主体,将日常的家园活动提升为家园共育课程,让幼儿园"家长课程"活起来,实现了家委会质的飞跃。

　　实践证明,我们在课程的建构过程中对家庭教育资源的挖掘确实取得了一定的成果。2018年,中共中央、国务院最新出台了《关于学前教育深化改革发展的若干意见》,明确指出:"健全家长志愿者驻园值守制度,充分发挥幼儿园家委会作用,推动家长有效参与幼儿园重大事项决策和日常管理。"这一政策的出台,为我们的家园共育工作更好地指明了方向。我们相信,漫漫学前路,有了家长的参与和支持,幼儿教育绝不会独行。

董颖春
2019年9月

目录 | Contents

第一章　从家委会到家园共育课程

第一节　家委会的筹备 ·· 3
　　一、实践中的教育需要 ······································ 3
　　二、分歧中的选择 ·· 4
　　三、家委会的组建 ·· 5
　　四、以家委会为引领，引进家长参与活动 ············ 14
第二节　从家委会活动走向家园共育课程 ············ 19
　　一、家园共育课程的提出 ·································· 19
　　二、家园共育课程指导纲要 ······························ 26
　　三、家园共育课程实施方案 ······························ 28
　　四、家园共育课程的结构与设置 ························ 34

第二章　家园共育课程实践之一
　　　　——自然探究类

第一节　自然探究类课程实践之大班篇 ················ 43
　　活动一　种植乐亲子活动 ·································· 43
　　活动二　游云门山 ·· 44

|活动三　水果沙拉 …………………………………………… 46
|活动四　走进高崖水库亲子采摘 ……………………………… 47
|活动五　金秋畅游石门坊 ……………………………………… 48

第二节　自然探究类课程实践之中班篇 …………………………… 51
　　活动一　采摘草莓和西红柿活动 ……………………………… 51
　　活动二　创意泥塑大比拼 ……………………………………… 53
　　活动三　秋游金宝乐园 ………………………………………… 54
　　活动四　开轩生态园采摘 ……………………………………… 56
　　活动五　参观鸭厂 ……………………………………………… 57

第三节　自然探究类课程实践之小班篇 …………………………… 60
　　活动一　春游金宝 ……………………………………………… 60
　　活动二　水果拼盘 ……………………………………………… 61
　　活动三　秋游西湖公园 ………………………………………… 63
　　活动四　种子粘贴 ……………………………………………… 64

第三章　家园共育课程实践之二
　　　　　——社会生活类

第一节　社会生活类课程实践之社区教育篇 ……………………… 72
　　活动一　走进消防 ……………………………………………… 72
　　活动二　参观杨家埠民间艺术大观园 ………………………… 73
　　活动三　走进福利院 …………………………………………… 74
　　活动四　快乐古城游 …………………………………………… 75
　　活动五　参观陶瓷博物馆 ……………………………………… 76
　　活动六　温暖爱心行 …………………………………………… 77

第二节　社会生活类课程实践之节日活动篇 ……………………… 79
　　活动一　清明节活动方案 ……………………………………… 79

　　活动二　我的六一我做主 ·· 80
　　活动三　教师节活动方案 ·· 86
　　活动四　重阳节活动方案 ·· 93
第三节　社会生活类实践课程之环保篇 ·································· 96
　　活动一　美丽绿丝带 ·· 96
　　活动二　环保时装秀 ·· 97
　　活动三　低碳生活　绿色出行 ······································· 98
　　活动四　变废为宝小巧手制作比赛 ·································· 100

第四章　家园共育课程实践之三
——自我成长类

第一节　自我成长类课程实践之幼小衔接篇 ··························· 106
　　活动一　大班幼儿参观小学 ·· 106
　　活动二　小学老师走进幼儿园 ······································· 108
第二节　自我成长类课程实践之职业体验篇 ··························· 110
　　活动一　未来的房子 ·· 110
　　活动二　我是小小设计师 ··· 111
　　活动三　家长进课堂 ·· 112
第三节　自我成长类课程实践之角色体验篇 ··························· 113
　　活动一　父亲节DIY蛋糕制作活动 ································· 113
　　活动二　亲子做寿司 ·· 114

第一章
从家委会到家园共育课程

第一节
家委会的筹备

一、实践中的教育需要

昌乐县府机关幼儿园是昌乐县唯一一所省级实验幼儿园,始建于1956年,拥有50多年的历史。自1999年幼儿园进行扩建后,幼儿园共可容纳300多名幼儿。幼儿主要来自县城及周边农村和外来务工家庭,家长素质参差不齐。

我们在办园过程中始终顺应孩子的天性,让孩子自主游戏、快乐发展。我园在"让儿童以儿童的方式成长"这一办园理念的指导下,以关注儿童的终身发展和幸福生活为出发点和落脚点,努力促进幼儿全面和谐发展、健康快乐成长。

可是,在教育观念不断进步的今天,我们的家长中仍然有一大部分人认为送孩子来幼儿园就是为了学习知识。学习什么?学认字、学算术。孩子之间比认字多少、比会算几道题。

面对家长与幼儿园在教育目标、教育内容和教育方式上的分歧,幼儿园应该怎么做呢?是和他们对立,继续走自己的道路?还是迎合家长,大搞知识教育,满足家长的所有期望和需求?

在长期开展幼儿教育的过程中,我们认识到实施家园沟通、推进家庭教育是进一步改善幼儿教育工作的重要途径。于是,我园从20世纪90年代末开始,通过定期召开家长会、家长开放日等活动,不断探索和家长沟通的方式。

二、分歧中的选择

2001年7月2日,教育部颁发了《幼儿园教育指导纲要》(以下简称《纲要》),这标志着我国幼儿教育改革迈进了一个新的阶段。在《纲要》中作出了一系列关于改变传统教育模式、实施素质教育的规定,例如:

> 幼儿教育是基础教育的有机组成部分,是学校教育制度和终身教育的奠基阶段。幼儿园教育应为每一个幼儿的近期和终身发展奠定良好的素质基础。
>
> 幼儿园教育应充分尊重幼儿作为学习主体的经验和体验,尊重他们身心发展的规律和学习特点,以游戏为基本活动,引导他们在与环境的积极相互作用中得到发展。

《纲要》中还鲜明地提出:"家长是幼儿园教师的重要合作伙伴。应本着尊重、平等、互惠的原则,吸引家长主动参与幼儿园的教育工作。"

当时在学习了《纲要》之后,我们感到特别振奋。从2002年起,我们就以《纲要》为依据,开始由传统教育向素质教育转变,但我们过于忽视家长的观点。到2004年,我园出现了严重的"大班减员"现象,就是每到孩子升大班时节,幼儿几乎减少了一半。而与此同时,一些条件简陋、没有办园资质的个体园却生源兴旺。问询原因,家长说:"你们幼儿园不教拼音、写字和算术!"

针对这一现象,我们采取问卷调查、现状研讨等方法,对幼儿家庭教育现状做了认真的调查分析,发现存在以下问题:

1. 这类家长忙于工作,忽视孩子教育问题。
2. 家长缺乏与幼儿园合作的意识,把教育的责任完全归于幼儿园。
3. 大教育观下,挖掘利用丰富的家长资源势在必行。

在"大班减员"事件中,我们发现单纯的家长会、家长开放日已经不能

消除幼儿园与家长的分歧,家园教育不同步、家园合作意识淡薄等问题仍然存在。是与家长形成对立,继续坚持实施素质教育?还是迎合家长需求,满足家长的所有要求?在家园意见不一致的情况下,两条路显然都是死胡同!如何实现幼儿园与家庭教育的有效联结、和谐互动,成为我们面临的主要问题。任何事物的发展不是非黑即白的,2004年,我园针对此问题专门开展了家庭教育辩论会,经过反复研讨辩证,决定成立幼儿园家委会,使其成为家长们的领头羊。

三、家委会的组建

2004年,家委会在教育界已经不是一个新鲜话题。但是,要真正让家委会融入幼儿园工作中,真正发挥家委会的桥梁作用,让家委会成为家园之间沟通、理解的平台,幼儿园必须做到两点:一是为家委会树威立信;二是为家委会建章立制。

在树威立信方面,我园做了如下工作。

1. 实施严格的家委会成员选拔机制

(1)宣传发动。我们首先给家长发放《致家长的一封信》,进行宣传,发动家长。我们也在这封信中提出了成为家委会成员的条件:首先,要有时间参加幼儿园的各项家长活动;其次,有关心教育事业的热情;再次,是有能力和精力配合幼儿园的教育,有为幼儿园的发展献计献策的意识。

(2)严格会员产生程序。我们采用了家长自荐—班主任推选—幼儿园审核—家长选举通过的工作流程,分层选拔出家委会成员。家委会的职务包括会长、副会长、文字委员、摄影委员、财务委员、后勤委员。

家长自荐

首先由家长根据家委会成员条件自愿报名,在此过程中积极鼓励家长踊跃报名,让他们认识到家长参与幼儿园工作的重要性,提高他们参加的积极性。

班主任推选

由于班主任与家长在长期的合作中,对家长的工作态度、能力、教育观念、时间等情况了解得比较清楚,而且选择一支好的家委会队伍,对今后的班级工作开展也是至关重要的。所以家长报名后,由班主任推选,可以有效避免家委会成员选拔的盲目性。

幼儿园审核

幼儿园从家长时间、职业、班级报名人数等方面进行总体把握和审核,经审核通过家长方可进入下一阶段家长选举。

家长选举

家委会作为家长们的代表,必须取得家长们的认可和支持。因此,最后的"家长选举"是非常必要的。

通过层层选拔,最终选出一批关心支持幼儿园工作、有热心、有时间的家长,组成了家委会。家委会成员再根据各自情况进行分工,分任家委会会长、副会长、文字委员、摄影委员、财务委员、后勤委员等。

2. 颁发家委会聘书

家委会成员产生后,幼儿园在家长会上为每位家委会成员颁发聘书,并请家委会成员发表就职演说,进一步激发他们的使命感和责任感。

3. 保障家委会权利

我园还颁布了《家委会章程》,明确规定了家委会有:对幼儿园的办学思想和办学方向提出意见和建议的权利;对幼儿园的教育教学工作有监督权利;对幼儿园的收费情况有质疑的权利;对幼儿园的重大事项有决策权利。并为家委会成员行使这些权利提供了支持。如:家委会成员可随时到幼儿园观摩每位老师的教学活动;组织家委会成员出席我园的园务扩大会,针对幼儿园的重大事项提出家长的意见和建议。2004年在我园决定开展"第一届书香宝宝"大赛前,我们还专门召开会议由家委会共同参与,委员们就比赛中的问题进行了商讨,大家积极建言献策,如大一班会长提出先在班级中进行初赛,再进行全园决赛;小二班委员提出希望能让家长来园观摩孩子比赛,等等。这些建议和要求幼儿园逐一落实,使活动更加顺利地开展。幼儿园的各类幼儿活动及教师的教育教学比赛都会聘请家委会成员作评委。通过以上政策支持,家委会得以行使他们的权利,推进了我园的教育工作。

在建章立制方面我园做了如下工作。

1. 建立健全规章制度

家委会成立后,我们明确了家委会具体的工作制度、联系制度、例会制度、管理制度,制定了《家委会工作制度》《家委会工作职责》《家委会组织机构》《家委会工作模式》《家委会工作流程》等,使家委会的工作在制度的保障下正常运转。

2. 公开家委会工作

学期开始,家委会会长会对这一学期的家委会活动做出全面的计划和安排,并在家长会上作介绍;学期结束,家委会向家长进行总结汇报这一学期家委会活动开展情况。每月一次的家委会活动后,文字委员写出活动记录和体会与家长们分享,财务委员把活动产生的费用及结余情况在家园联系栏里公开发布。

家委会成立后主要发挥联系功能、自我教育功能、参与功能、评价功能、资源及宣传功能。他们在幼儿园有固定的办公室和办公时间,有具体的规章制度,一年召开一次全体家委会会议,每月召开一次班级家委会会议,不定期召开家委会会长座谈会,以家委会为纽带,家园不断交流、沟通,我园的家委会自此开始运转起来。

成立家委会后,我们改变了家长课堂上教师一人讲、台下家长集体听的说教模式,而是以家委会为主体,家委会和教师共同教研。例如,小班家长对于孩子的入园焦感到不知所措,一方面,中班的家委会成员以自己的经验积极为小班家长讲授应注意的问题,应做好哪方面的准备,如何掌握正确的教育方法等,使小班家长受益匪浅;另一方面,小班家长之间

也针对这个问题积极展开讨论,相互交流,分享心得。由此,令小班家长头疼的问题迎刃而解了。

幼儿园在家委会成立之初,通过为家委会树威立信和为家委会建章立制这两项措施,使家委会有效运转起来了。在接下来的工作中,幼儿园还通过不断完善制度、机制,为家委会工作提供更多支持。

附

(一) 致家长的一封信

家长朋友们:

幼儿期是幼儿身心发展的关键期,幼儿期的良好教育为孩子的健康成长奠定了扎实的基础。然而,我们在努力改革幼儿园教育,提高办园质量,实现教育目标,促进幼儿体、智、德、美全面发展的同时,也清醒地认识到:这样艰巨的任务单靠幼儿园的力量是难以实现的。因为幼儿教育是一项多层面、多元化的系统工程,需要家庭、幼儿园与社会相互配合方能卓有成效。现代教育观强调只有社会、家庭、幼儿园紧密结合,才能形成现代幼教立体模式中必不可少的三维构造,才能使每个孩子都得到全方位、健康和谐发展。因此我园在本学期开始决定组建家委会,通过家委会活动,促进家长和家长、家长和老师的交流和了解,增进家长和孩子、孩子与孩子之间的感情和友谊。通过家委会活动,提高家长参与幼儿园、班级管理工作的意识,调动家长的积极性,充分体现家长的参与权、知情权、发言权和评价权。通过家委会活动,拓展家教指导的阵地,扩大教育信息的收集范围和信息量,提高家长素质和教育指导能力,促进家长工作更具实效性和可持续性。

家委会的具体工作如下:

1. 协助幼儿园各年级保教组顺利完成保教任务,参与组织家园活动、社区活动、主题活动、节日活动,等等。

2. 参与研究和解决年级教育教学管理中的重大问题。

3. 注重提高全体家长的教育水平,动员家长们积极参与幼儿园家长培训活动,学习科学的育儿知识,并与老师配合,共同提高幼儿保教质量。

4. 听取、联系、反映家长们所关注的问题,如教师师德、保教水平、教育质量、幼儿发展水平等问题,采取口头汇报、书面建议等多种形式,对有关信息进行归纳、分析,把急需解决的意见、建议提供给园领导、保教主任或老师,促进幼儿园各项工作的改进与提高。

5. 以达到更好的幼教效果为目的,热情地为全体家长服务。

6. 积极组织好年级家长经验交流活动。

家委会一般由6～8人组成,下设会长、副会长、文字委员、摄影委员、财务委员、后勤委员等职务。具体分工如下:

会长

1. 有感染力,能带动家委会成员积极愉快地合作,并形成集体凝聚力。

2. 有一定的组织力和号召力,负责协调家长参与幼儿园的各项管理工作,协助幼儿园顺利完成保教任务,参与组织家园活动、社区活动、主题活动、节日活动等等。

3. 责任意识强,能协助幼儿园共同开展幼儿园教育和保育工作,积极带领家委会成员参与对幼儿园课程的审议、指导及对卫生保健工作的指导。

4. 社会活动广泛,能协助幼儿园发动社会力量支持幼儿园工作,并加强对外宣传工作。

5. 抓好主管教学、组织、家庭教育、宣传、后勤等各会员之间的协调工作。

6. 每学期初召开幼儿园家委会及家委会会长会议,部署新学期工作。

副会长

做事细心周到,负责协助会长和幼儿园开展家长工作的具体事务。

文字委员

1. 思想觉悟高,对幼儿教育事业有极大的热情。

2. 乐于学习,能积极学习并掌握一定的幼儿教育思想和理论。

3. 擅长文字,具有一定的文学修养,负责家委会撰稿、文字统筹工作。

摄影委员

1. 有一定的摄影经验和艺术修养,负责家委会活动中的摄影工作,能够抓拍活动的精彩瞬间,让照片体现活动的思想和意义。

2. 懂电脑技术,能够运用电脑对照片进行编辑。

财务委员

1. 为人正派,责任心强。

2. 懂得财会业务常识,负责家委会活动经费的预算、收集、支出工作。

后勤委员

1. 热情周到,具有服务意识。

2. 能积极参与幼儿园和家委会共同组织的亲子活动,并在活动中细心照顾好孩子,做好孩子的安全保护工作。

3. 为家委会活动做好后勤服务工作。

凡具有一定文化修养和素质;热爱幼教事业;热心为群众服务;具有积极参与、努力工作的奉献精神的家长均可报名参加,我们将从中选出6~8位家长作为我园的家委会成员。

爸爸妈妈们,赶快加入到家委会的行列里来吧!

您想负责哪一方面的工作?请在以下表格的相应栏目中打"√"。

会　长	副会长	文字委员	摄影委员	财务委员	后勤委员

我是＿＿＿＿小朋友的＿＿＿＿(爸爸或妈妈)　　家长签字:＿＿＿＿

昌乐县府机关幼儿园

(二) 家委会工作制度

为充分发挥家庭教育的作用,及时改进与完善幼儿园各项工作,协调家庭教育与幼儿园教育的和谐发展,促使家园双方密切联系,形成合力,为孩子今后发展奠定坚实基础,特成立幼儿园家委会,并经协商共同约定以下规章制度:

1. 家委会制度

(1) 家委会成员由关心孩子成长、热心教育、热情支持幼儿园工作的在园幼儿的家长、幼儿园园长和领导班子成员、教研组长代表组成。

(2) 在每学年开始时,要及时发动、组织家长成立新一届家委会。家委会的家长代表由级部提名推荐或自荐,由园方行政领导及级部主任审定。

(3) 家委会成员每学期至少参加1次会议,广泛交流幼儿园、年级、班级的学习、活动情况,集思广益,博采众长,并将所了解的新信息、新观念带到幼儿园中来,为幼儿园的发展出谋划策,提供合理建议。

(4) 幼儿园领导及各班老师要通过家委会及家长小组及时、虚心听取家长对幼儿园、班级工作的意见和建议,不断改进工作。

2. 家委会的工作职责

(1) 协助幼儿园顺利完成保教任务,参与组织家园活动、社区活动、主题活动、节日活动,等等。

(2) 参与研究和解决幼儿教育教学管理中的重大问题。

(3) 注重提高全体家长的家教水平,动员家长们积极学习科学的育儿知识,并与老师配合,共同提高对幼儿的保教质量。

(4) 听取、联系、反映全园家长所关注的问题,如教师师德、保教水平、教育质量、幼儿发展水平等问题,采取口头汇报、书面建议等多种形式,对有关信息进行归纳、分析,把急需解决的意见和建议提供给园领导或老师,促进幼儿园各项工作的改进与提高。

(5) 以达到更好的教学效果为目的,热情地为全体家长服务。

(6) 积极组织好家长经验交流活动。

(三) 家委会联系制度

1. 幼儿园建立家委会,定期召开会议,每学期一次,由园方向家委会汇报幼儿园工作计划和工作情况,虚心听取意见,不断改进工作。

2. 各班设立"家园联系本"(或联系卡),及时与家长交换意见,共同教育好幼儿。

3. 园内公共场所和各班门口设立"家长园地",宣传科学育儿的知识。

4. 各班定期向家长开放半日(每学期1~2次),让家长了解幼儿生活、学习情况,并虚心听取家长意见,改进本班工作。

5. 园长定期在幼儿园门口迎接及目送幼儿来园和离园,及时听取家长的意见和要求。

6. 保教人员定期有计划、有目的地进行家访,了解幼儿在家生活和行为习惯情况,并征求家长意见。

7. 园内设立征求家长意见的"意见箱",随时听取家长的要求和建议。

(四) 家委会例会制度

为了加强幼儿园制度化管理,提高管理质量,达到统一思想、制定政策、部署工作、落实任务的目的,特制定昌乐县府机关幼儿园家委会例会制度。

1. 参加会议人员:昌乐县府机关幼儿园家委会成员。

2. 会议时间:每学年集中开会至少两次(因特殊情况可临时决定召开会议)。

3. 会议内容:通报幼儿园办园、管理和发展情况,听取委员们的意见和建议,审议决定幼儿园重大决策、幼儿管理、幼儿发展和涉及家长切身利益的事项。

4. 参加会议要求。

(1) 必须有三分之二以上委员参加方可举行,必要时可以邀请相关人员列席会议。

(2) 会议议题与开会时间须在会前以书面或电话形式通知委员。

(3) 会议必须备好记录本,指定专人做好会议记录,以便存档。

(4) 积极参加会议,除有特殊原因不能到会须提前请假外,委员应按时到会,并表达意见和建议。

(5) 与会人员要积极参与会议讨论,充分表达意见和建议,并按会议要求进行表决。

(6) 幼儿园要根据情况执行会议决议。

(五) 家委会办公管理制度

家长驻园办公模式是我园加强家园联系、共建和谐校园的新举措。为进一步提高家长参与幼儿园教育的积极性,落实家长对幼儿园教育教学活动的知情权、参与权、评议权和监督权,更进一步拉近家园关系,特制订驻园办公管理制度,具体如下。

1. 由保教主任协调各级部发排驻园值日表。

将值日表提前一周通知家长,让家长们能提前安排好自己的时间,准时、安心驻园值日。

时间:实行在家委会领导下的家长轮流驻园办公制度,每天每个级部安排一名家长进驻幼儿园办公。原则上周一由小班组安排负责人,周二由中班组安排负责人,以此类推。

驻园工作时间:周一至周四上午7:30—11:20,下午13:30—16:30。

驻园家长的职责:驻园家长须佩戴标识驻幼儿园活动,参与幼儿园日常管理的全过程,包括早接待值日,检查环境卫生、餐厅卫生、饭菜质量以及协助幼儿园处理突发性应急事件等,并做好记录,给幼儿园提一个合理的建议。

2. 家长驻园办公流程。

(1) 到园后先到办公室签到,佩戴袖章到大门口执勤。7:40到家委

会办公室集合开会。

(2) 8:00开始参与孩子所在级部的教育教学活动。

(3) 9:30参加课间操活动。

(4) 其余时间自行安排活动。

① 到办公室、教室、食堂找找教职员工或幼儿谈话,发现问题及时记录反馈。

② 重点检查幼儿园的食堂饭菜质量、卫生情况,并做好相应记录,将意见反馈给幼儿园值日领导。

(5) 值班结束后,由当日的主要负责人汇报值班情况,并认真填写好值班记录表存档。

注:如值日期间有大型活动,值日家长应全程参与活动,并提出相应的意见或建议。

3. 工作考核。

(1) 幼儿园对每天家长驻园办公情况进行考核记录,及时反馈家长的意见,驻园情况将纳入年终考核。

(2) 期末对家长驻园办公的工作进行总结,表彰优秀的家长代表。

4. 本驻园办公管理制度解释权属于幼儿园。

(1) 请每位家长仔细研读本制度,熟悉驻园办公流程,以便今后工作的开展。

(2) 家长有事可直接联系驻园家委会。

四、以家委会为引领,引进家长参与活动

家委会组织机构建立完善之后,我们开始探索实施家委会活动。在这个过程中,我们逐步形成了家委会参与幼儿园教育的模式和流程,流程如下。

第一步,家委会与幼儿园商讨制订学期活动计划。

第二步，会长在家长会上宣读活动计划内容，征求家长意见。

第三步，由家委会主导按计划实施活动。

班级子活动流程细则：

家委会召开活动前会议，商讨活动内容；家委会成员进行踩点、财务预算、车辆联系；家委会向幼儿园报备活动方案；家委会在家长中发动，组织报名、收取活动费用、签订安全责任书；家委会组织开展活动；家委会负责费用清算公示、活动报道。在整个子活动过程中，幼儿园始终处于协助组织的角色。

第四步，由家委会会长在学期末家长会上作总结。

我们自2004—2006年组织了一系列家委会活动，家委会活动以活动为载体，实现教育的价值和意义。2006年，当把制度完善、机制健全、程序科学、观念认同这些基础打牢之后，我们开始大刀阔斧地深挖家委会活动对家长、对孩子的教育内涵，将家委会活动进行拓展和延伸。为了让家长从幼儿园教育的参与者转变为儿童保教的共同实施者，打造幼儿园、家庭、社区三位一体的大教育环境，我们挖掘整合家委会教育资源，创新实施了以下几个方面的家委会活动。

一是以家委会为主导开展的实践体验活动。如包水饺、挖野菜、放风筝、游览海底世界等。

二是以家委会为辅助开展的社区教育活动。如通过家委会提供的车辆、路线、地点等帮助，幼儿园开展了参观宝石博物馆，走进敬老院、消防队、部队等社区活动。

三是以家委会为纽带开展的家长教育活动。如在家委会的宣传、主持下，开展家庭教育辩论赛、教育沙龙、家长游戏训练等等。

四是以家委会为助手开展的大型活动。如亲子运动会、六一晚会、书香宝宝大赛等。

家长沙龙

家委会成员之间、成员与家长之间，经常交流家庭教育经验，成功的

经验也好,失败的教训也好,彼此之间取长补短无疑是非常有益的。家委会定期开办"家长沙龙",由家委会成员担任沙龙活动的主持,共同商讨教育孩子中出现的困难与质疑。同样的话题,同样的关注点,拉近了他们的距离,每个参与者都积极与他人互动,畅所欲言,气氛热烈。

家长义工

为了让各种工作性质的家长成为幼儿园的宝贵教育资源,我们推出了"家长义工"这项举措。本着自愿的原则,我们首先讨论出适合家长参加服务的项目与内容,比如:幼儿户外活动的配合、午餐前后的保育、幼儿图书的整理、幼儿社区活动的辅助、幼儿园教育活动等。然后针对这些内容设计发放调查表,请家长选择服务内容,时间自定,自愿参与。从各班的家长义工报名情况统计来看,许多家长都愿意走进幼儿园,近距离地观察老师的工作、自己孩子的表现,也愿意无偿提供自己的时间、精力和智慧。例如,在小班"我会保护自己"主题中,我们请在医院儿科工作的王艺萌妈妈担任义工,为孩子讲解身体保护的常识;在参观小学活动中,几位妈妈主动要求作为义工,和教师一起组织孩子参观小学。我们还专门为每个活动设计了一张表格,请家长在服务之后填写服务感受和对幼儿园的建议。同时,我们请家长在担任家长义工期间直接参与到我们幼儿园管理中来,家长有权监督幼儿园的工作,对幼儿园的管理提出意见和建议。

社会实践活动

我们充分利用家委会这一资源,采取"幼儿园策划协调,家委会主导组织,家长支持合作"的方式,将每月一次的家委会活动开展得丰富多彩。例如小班组织的"游金宝乐园"活动,整个活动从计划到实施都是由家委会来负责的。由家委会出面组织活动,更容易引起家长们的关注,家长纷纷出谋划策,贡献力量,主动承担起了"家长义工"的工作。王星琳的爸爸联系了车辆,冯宇萱的妈妈想办法购买了打折门票,刘家林的爸爸为大家联系了存放包的地方。在大家的共同努力下,孩子和家长高兴地游玩了

金宝乐园。这次活动让我们进一步感受到了家长的能量,也更加证实了我们实施"家长义工"决策的正确性。在家委会的主导下,我们的教育活动延伸到了更为广阔的天地,如参观鸭场、到杏园子摘杏、去猎场放风筝、游览青岛海底世界、到大棚摘西瓜等等,孩子们在家长的陪同下开阔了眼界,在体验中获得了发展,家长们在孩子们的笑声中感受到了满足,在参与中认识了教育。

社区互动活动

通过家委会提供的不同方面的帮助,我们先后组织孩子"参观陶瓷展览""走进绿色军营""走进消防队""走进敬老院""参观宝石博物馆"等社区活动,丰富了孩子们的知识,拓展了教育的舞台。我们还将家委会中职业特殊的工作人员请到幼儿园来,如将家委会中的医生、警察、邮递员、茶艺师请来为孩子讲解相关的知识经验,促进幼儿身心健康发展。

亲子活动

我园每年举办的大型亲子活动,也充分发挥家委会的带动作用,请家委会参与组织实施。例如,我们"春季亲子运动会"的裁判队伍、检录员都是由家委会组成;"小巧手大赛""书香宝宝大赛"的评委都是来自家委会成员;"快乐六一周,欢乐嘉年华"活动的节目也来自家委会成员,由家委会成员表演的三句半、健美操、舞蹈等节目,赢得了家长们的喝彩;"冬季健康家庭大行动"策划同样包含着家委会成员的智慧。这一系列家委会参与实施的活动,在家长中起了强有力的引导带动作用。

此外,我们还以家委会为纽带,以多种方式增强幼儿园与家庭的日常交流沟通。例如,我们的家长会、家长开放日、家长展示活动,让家长更直观地了解了我们的教育教学。我们在家园联系栏设置了家园沟通的动态栏目,如"夸宝宝",内容包括教师夸、家长夸、孩子的感想。一张纸联系着教师、家长和孩子,无声的沟通在悄悄地改变着家长和孩子。我们还通过家园联系栏,和家长共同帮助幼儿养成良好行为习惯。我们在家园联系

栏上为每个孩子设立标志区,由教师根据本班幼儿年龄特点确定行为习惯养成目标,如宝贝班的"今天,你高高兴兴来幼儿园了吗?",小班的"今天,你自己叠衣服了吗?",大班的"今天,你帮助别人了吗?",并根据孩子习惯养成情况及时更换目标。在标志区旁的盒子里放了许多彩棍,如果孩子做到了,由家长每天早上送孩子进班的时候在孩子的标志区内插上一根彩棍,并在孩子名字后画上笑脸。如果孩子没有做到,则不能得到彩棍和笑脸。一周以后,由教师对孩子的表现情况进行评价,从而引导家长帮助孩子逐渐形成良好的行为习惯。还有"您的需要我来服务",每天由家长填写自家宝宝需要教师关注的事情,教师根据家长的要求更能做到有的放矢,并及时给予回复。这些栏目让一面墙在家园互动中真正"动"了起来,拉近了教师和家长的距离。我们还通过为幼儿建立个性成长档案,建立幼儿园网站,创办园报《智慧树》,布置家庭教育作业等方式加强与家长的交流,赢得了家长们的认可。

  在这些活动中,家长一开始是被动参与。渐渐地,家长在参与中看到了老师灵活的教育方式,感受到了孩子在开放的教育环境中学习兴趣的提升,以及孩子们解决问题能力、思维能力、交往能力的发展,家长们在悄然发生改变,从一开始抱着陪同参加的态度到主动参与;从把家委会活动当作娱乐到理解和认同我们教育的方式;从认同我们的工作到开始与我们协商、为我们提出有效的保教建议,家园联系更加密切了。

第二节　从家委会活动走向家园共育课程

一、家园共育课程的提出

（一）问题的提出

《纲要》中提出："家长是幼儿园教师的重要合作伙伴。应本着尊重、平等、互惠的原则，吸引家长主动参与幼儿园的教育工作。"《3—6岁儿童学习与发展指南》中也指出："家庭、幼儿园和社会应共同努力，建立良好的亲子关系、师生关系和同伴关系，让幼儿在积极健康的人际关系中获得安全感和信任感。"

自 2004 年我园就开始开展富有特色的家委会活动的研究与实践。2009 年潍坊市亲子共成长推进会上，我园就家委会事迹做了典型经验介绍，三名家委会成员被评为市优秀家长，幼儿园被评为"全国优秀家长学校"。2010 年 3 月我园家委会活动新闻被评为山东省首届学前教育十佳新闻奖，同年 5 月家委会获山东省特色教育活动二等奖，在全省特色教育活动论坛上做了经验交流。同年 7 月，"家委会——为幼儿健康撑起一把绿伞"获潍坊市政府成果奖，"家委会——让幼儿教育不再独行"获潍坊市教育创新奖。

十几年里我们一步一个脚印，真正赋予了家委会教育的使命和内涵，也积累了有关家园共育方面相当成熟的经验。然而，我们也开始思考：当家委会已经为我们灵活所用的时候，如何发挥家园合作共育的最大作用，将我园家园共育方面的零散经验系统化、条理化，使家委会活动与我

园的教育教学形成整体性、系统性的教育合力,最大限度凸显教育价值。我们最终把目光投向了"课程",将活动上升为课程,以家委会为主体,尝试开展家园共育课程的建构与实施,以期从课程的角度探索家园共育的目标、内容、实施策略以及如何评价,力求形成有利于幼儿快乐成长的、独具特色的园本课程体系,实现家委会教育质的飞跃。

(二)项目的界定

"家园共育",是在家庭、家长、幼儿园、教师共同合作下,以幼儿为主体进行的全部活动和经验。"课程的建构",意味着我们要构建的是作为课程的活动,具有系统性、主体性、生成性的特点。

(三)研究目标

通过让儿童亲身参与家园共育的实践和积极体验,形成丰富经验,发展儿童对自然、社会、自我之内在联系的整体认识;形成从自己生活中主动发现问题并独立解决问题的情感和态度;发展实践、知识的综合和创新能力;养成合作、分享、积极进取等良好的个性品质。

第一,初步构成"自然探究""社会生活""自我成长"的分年段目标和常规运行的课程形态。

第二,初步形成对家园共育课程的实施策略和评价策略。

第三,初步形成家园共育课程的资源意识,完善课程资源包。

(四)研究方法

由于本项目研究的综合性和实践性都很强,研究力量多样,因而研究方法是多样化的,主要采取了以下研究方法。

1. 案例研究法

教师们在家园共育实践中做好案例撰写和分析记录,将案例分析和理论学习结合起来,为探索有效的家园共育实践活动提供实际参考依据。

2. 文献研究法

通过查阅教育理论文献,广泛收集家园共育素材,掌握新的研究动态和研究成果,联系实际为项目研究提供最新经验和理论依据,保证项目向纵深发展。

3. 行动研究法

教师在研究中与家长配合有计划地进行教育实践,并对自己的家园共育实践活动作自我评价、自我调整、自我总结,提高研究的质量,及时调整自己的研究方法和策略。

4. 经验总结法

在广泛实践、积累的基础上,运用相关教育理论和科学研究方法,按阶段进行项目研究的回顾、整理、分析、总结,得出具有一定指导和推广价值的研究成果。

(五)研究过程

1. 启动阶段

(1)做好家园共育课程的开发调研与分析工作。

通过发放"昌乐县府机关幼儿园家园共育课程教师问卷"以及"昌乐县府机关幼儿园家园共育课程家长问卷",了解教师、家长、社会对家园共育课程的认识,课程开发的能力,确定了课程开发的主体、实施途径,搜集、挖掘了生活、文化中可利用的家园共育课程资源。

(2)开展教师专业学习。

教师们先后查阅了课程类书籍30余本,相关硕士、博士论文50余篇。查阅了园本课程和有关家园共育课程方面的书籍20余本,相关杂志、报道、网络文章60余篇,梳理了相关课程方面的理论。幼儿园还先后派老师去南京进行家园共育共同体的建构理论与实践学习,去上海进行科研培训与实地考察,为项目的实践研究做好理论准备。

2. 项目实施阶段

本阶段主要工作是做好课程规划,进行课程开发和课程架构。

(1)理清家园共育课程培养目标。

对家园共育课程的研究分别从国内、国外研究现状来分析,根据家园携手,为幼儿提供多元、自主、开放、整合的大教育课程理念以及我园"让儿童以儿童的方式成长"的办园理念,我们最终确定家园共育课程培养总目标:有自信、爱交往、乐探索、有爱心、讲礼貌。

课程的具体培养目标如下:

① 价值认同:通过亲历、参与活动和主题教育活动,幼儿形成对自然、社会、自身内在联系的整体认识,发展对自然的关爱和对社会、自身的责任。

② 责任担当:初步养成自理能力、自立精神、热爱生活的态度。

③ 问题解决:能在教师、家长的引导下,形成从周围生活中主动发现问题并独立解决问题的态度和能力,养成合作、分享、积极进取等良好品质。

(2) 确定课程内涵。

所谓家园共育课程,是在家庭、家长、幼儿园、教师共同合作下,开展的一系列育孩子、育家长、育教师的活动总和。

(3) 开发家园共育课程内容。

家园共育课程的开发经历了以教师为主体,吸收有关人员参与的开放民主的课程决策过程。

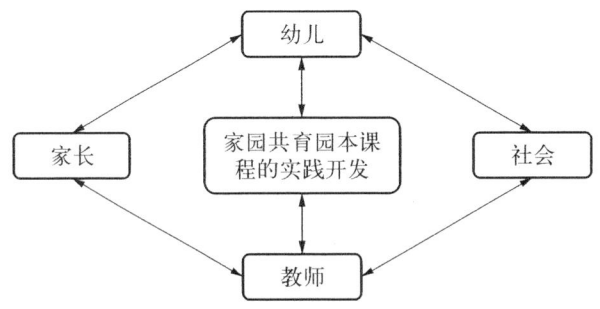

图1 家园共育园本课程开发主体图

① 群体叙事,记录汇总。

我们邀请部分教师、家长、社区人士、市课程专家,在这样一种不同

"知识背景""经验背景"或"生活阅历"的人群中,以活动主题的确立、课程框架的构建为主要任务,以幼儿的发展为讨论的最终目的,大家畅所欲言、各抒己见,发现了自己认为对幼儿发展有意义和价值的事件,比如"节日活动的开展""走进自然活动""认识动物""参观小学""环保制作""读书节活动"等等,我们将这些相关的事件记录下来,并进行汇总。

② 比较归类,概念提升。

课程开发小组将记录下来的内容进行比较归类,将比较类似的事件,记录在同一组项目中,并为每一组内容写下标题。经过讨论,我们为每一组确立了一个比较适合的词语或短语连接这组中所有项目的概念。比如,将记录下的"端午节包粽子""迎新年包水饺""迎中秋做月饼""三八节给妈妈做礼物""清明节主题活动"等归类为节日活动,将"走进绿色军营""走进消防队""走进敬老院""走进部队""参观杨家埠""参观宝石博物馆"等归类为社区文化活动,将"争做环保小卫士""自行车环城游""亲子制作秀""变废为宝""小巧手"等活动归类为环保活动,最终将"节日活动""环保活动""社区文化活动"归类为关注社会生活的维度。此外还确定了"自然探究"和"自我成长"两个维度。

③ 横向沟通,形成体系。

我们将所有人预设的主题网进行比较,找出共同的特色,再对各自的主题网进行完善合并,然后初步形成了主题网状图。

如:探究自然 { 季节(寻找春天、制作水果沙拉、放风筝、公园写生等)
生长(冬天的植物、游潍坊动物园、亲子种植、动物亲子模仿操等)

④ 对照理念,判定价值。

在我们开展主题活动讨论的每一个环节,都联系家园共育课程的基本理念,对照课程目标,以促进幼儿的发展为标准来判定该主题是否合适、是否有价值。

(4) 研究活动过程设计。

伴随课程内容开发,教师们开始编制课程活动方案,活动方案的制定要求立足课程培养目标,将教师、幼儿、家长的生活和体验融入课堂,让幼儿在活动中参与、体验、生成、合作、提升。

1) 对活动方案进行目标评价。

教师们围绕"情感态度""过程与方法""知识经验"来进行活动目标的反复碰撞、交流和调整,在活动目标的设计上保证活动对课程理念的体现,对幼儿全面发展的效用。

如"自然探究"综合实践课程"秋游西湖"活动方案论证阶段,小班组确定了这样的活动目标:

- 与爸爸妈妈一起游西湖公园,感受秋天的变化。
- 体会秋天凉爽的气候及玩耍的快乐。

针对这一目标,教师们多次进行沟通和交流,进行了关于目标评价的三个追问:① 在课程实施中有哪些知识和经验可以拿到自然中去运用?② 你希望通过本次活动幼儿积累哪些新的经验和体验?③ 你通过哪些辅助活动来促成幼儿情感态度的深度体验?经过不断追问,小班组重新调整了活动目标。改为:

- 欣赏秋天的景象,了解秋天里植物的变化。
- 了解树木的种类、粗细,以及树叶的颜色、形状等。
- 体验秋日户外活动的乐趣,感受集体游戏的快乐。

2) 对活动过程进行生成性评价。

教师们在课堂上,依据教学内容和目标,在保护幼儿学习热情、尊重幼儿独特体验的前提下"顺学而导",使幼儿重新认识问题、发现问题、完善自我。围绕三方面展开:① 是否生成了新的活动目标,这一目标与预设目标有无关系?② 是否生成了新的活动环节,这一环节对深度体验有无价值?③ 是否抓住了儿童的个体经验和独特感受,并生成为唤醒其他生活经验的教育材料?

3. 总结阶段

收集资料,提炼成果,形成固化的课程形态。

(六)问题与反思

首先,家园共育课程的开发需要教师具有较广博的知识和较强的实践动手能力。

就我园的实际情况来看,教师的理论认识水平和活动指导技能还存在个体差异,群体水平还未充分发挥家园共育课程功能的价值。因此,加强教师培训,提高教师业务水平,切实为我园家园共育园本课程开发与实施提供良好条件,就成为我们后阶段研究工作的重点。

其次,家园共育课程实施过程所需要的教育环境还不够和谐。

(1)安全问题的隐忧。

家园共育课程部分内容设计外出活动,需要保障幼儿和家长的安全。于是,安全责任的明晰和分担、社会对安全事故的承受力、社会保障机制的健全等问题就成为实施这门课程的重要因素。

(2)教学秩序的保持。

家园共育课程的实施,需要占用部分幼儿教育教学的时间,可能会对正常的幼儿园教育教学秩序产生影响。这就需要把家园共育活动同幼儿园教育教学紧密地结合起来,进行渗透和整合,这对老师提出了更高的要求。

再次,部分课程需进一步挖掘,课程资源需进一步开发,课程形式需进一步丰富。

我们身处的山东潍坊昌乐地区有着丰富的人文资源和环境资源,对这些资源的开发并形成幼儿可吸收的系统课程将是下一个阶段课程开发的重点。在以后的研究中,我们将进一步明析研究目标,拓展研究内容,开发更多适合不同年段的课程内容和资源,使所开发的课程形式更丰富;进一步优化课程内容,加强课例分析,保证课程质量,使课程层次结构的逻辑性更强,内容设置更科学合理。

二、家园共育课程指导纲要

(一) 指导思想

家园共育课程的开设应以幼儿发展为本,应为幼儿提供平等的学习与发展机会;应与幼儿阶段的学习特点与身心发展水平相适应,激发幼儿积极、主动地学习。《纲要》指出:"家庭是幼儿园的重要合作伙伴,应本着尊重、平等合作的原则,争取家长的理解和主动参与,并积极支持、帮助家长提高教育能力。"幼儿园教育是整个教育的基础阶段,起着十分重要的作用,对幼儿的发展影响深远,其重要性被越来越多的家长所认识,我们应深入领会《纲要》的精神搞好家园共育。

(二) 开发原则

1. 面向幼儿原则

面向幼儿原则是指从幼儿身心发展的规律及其发展的一般水平和个别差异出发,使幼儿在体、智、德、美等方面主动地各有特色地得到发展。课程设计的出发点和根本点是幼儿,应该根据幼儿身心发展的水平来设计课程,课程设计从内容到方法既应面向全体,同时应该考虑照顾个别差异,使每个幼儿在不同的起点上都得到一定的发展。

2. 全面发展性原则

全面发展性原则是指设计课程时应着眼于促进幼儿身心全面和谐的发展。遵循这个原则需注意以下三点:① 课程设计要适应幼儿的发展水平,不可任意提高,也不可盲目滞后,所提出的教育要求和内容应以幼儿身心发展的成熟程度为基础。② 既重视儿童生理的发展又重视幼儿的心理发展,不可偏废。③ 重视幼儿体、智、德、美的全面发展,不可只重视智育,不重视其他三育在课程中的地位。

3. 整体性原则

应将幼儿教育看作是一个影响着幼儿发展的整体,将各种教育活动、教育形式与方法、手段有机结合,形成整体对幼儿进行影响。同时,还应

将课程设计看作一个完整的系统,不同内容之间、各种方法之间都具有密切的联系,不可分割。

4. 活动性原则

活动性原则是指课程的设计和组织应体现活动是幼儿教育的基本形式,让幼儿在活动中学习,在活动中发展。

5. 可操作性原则

可操作性原则是指课程设计具有可操作性,便于实施,不可要求过高、内容过多、和实际脱节,从而造成实施的困难。为了保证课程实施的可操作性,要有具体的要求、具体的指标,可以参照要求和指标进行课程的实施。不可过于抽象、过于理论化和复杂化,造成课程实施的困难。

6. 形式多样原则

是指采取灵活多样的形式,以适应不同幼儿的需要,从而强化课程的整体功能。如有家长助教活动、综合实践类课程和活动课程等。

(三)开发的目的

发展心理学的不少研究表明,儿童不是知识的被动接受者,而是知识的主动探究者,学习过程是个体能力与外界环境交互作用的过程,《纲要》再三强调要让幼儿主动活动。皮亚杰也曾说过,儿童是自己的哲学家,教育的第一条件就是要尊重主体、认识主体、热爱主体。家园合作其根本目的是使教师和家长尊重幼儿的学习方式,发挥幼儿的主体性,主动积极地投入到活动中。在教师和家长组织教学实施中,有一些内容需要安排一定的社会实践活动,能够充分发挥家园双主体的作用,发挥出各自教育优势。如带领幼儿到社区、部队、文化馆、公共设施、公园,让幼儿走进自然、走进社会获得感性经验,这对幼儿情感、态度、认知行为的发展是十分有益的。

(四)开发的实施

课程的组织与实施过程,是幼儿园、教师创造性地开展工作的过程。

幼儿园、教师要根据课程的目标,结合幼儿的实际情况,开展各种有利于幼儿发展的教育活动。

第一,制定和组织实施家园共育课程计划。

加强课程的研究和开发制定具有个性化和可操作性的课程计划。加强课程的研究与开发。

第二,根据幼儿的生活与经验,选择、开发和组织课程内容。

家园共育课程内容的选择与开发,应以观察、了解幼儿为基础,源于幼儿的现实生活。既满足幼儿当前发展的需要,又能有助于拓展幼儿的经验与视野,为幼儿的和谐发展、终身发展打下良好的基础。

第三,尊重幼儿的学习方式,优化教与学的过程。

家园共育课程应根据幼儿的年龄特点和活动需要,合理地选择活动方式,使幼儿主动地、富有个性地学习。注重幼儿学习的过程,丰富幼儿活动的经历和体验,为幼儿提供活动与表现能力的机会、条件。尊重幼儿的学习方式、能力、情感及发展水平等方面的个体差异,因人施教,同时,也要关注智能超常与发展障碍儿童的特殊需要,满足每一个幼儿不同的发展需要。

第四,在课程开发和实施上应加强与家庭、社区的密切合作以及与相邻阶段的教育衔接。

要积极创造条件,让家长认同、支持、参与课程的开发和实施。要充分利用家庭、社区及周边环境的教育资源,扩展幼儿生活和学习的空间。同时,应积极支持、帮助家长提高家庭教育的能力,家园合作,共同促进幼儿的健康成长。

三、家园共育课程实施方案

(一)课程理念

家园共育作为幼儿园教学的一个重要的教学理念,越来越受到社会的关注,使得人们对幼儿园教育产生了新的认识,幼儿教育不再仅仅是幼儿园的职责,同时实现了幼儿园、家长和孩子三者之间的互动。家园共育才是幼儿教育的最佳途径,才能促进孩子身心健康发展。所以我园确立了"一车两轮,家长成为我们最亲密的伙伴"的家园共育课程理念,为幼儿提供多元、自主、开放、整合的大教育,使其尽快适应幼儿园的生活,促进幼儿园教育的顺利开展。

（二）课程目标

以幼儿、教师、家长共同成长为目标,统整教学模式,实施多元、自主、开放、整合的大课程教育,为每个幼儿提供充分、和谐、健康、快乐发展的教育机会与条件,通过家园共育课程的实施,使幼儿成为有自信、爱交往、乐探索、有爱心和讲礼貌的儿童。

课程的具体培养目标：

（1）初步了解各行各业的职业特点,丰富幼儿的经验。

（2）走进社会,体验劳动的辛苦,开阔眼界。

（3）积极活动,增强体质,提高运动能力和行动的安全性。

（4）亲近自然,接触社会,初步了解人与环境的依存关系,有认识与探索的兴趣。

（5）初步接触多元文化,能发现和感受生活中的美,萌发审美情趣。

（6）尝试运用语言及其他非语言方式表达和表现生活,具有一定的想象力和创造力。

（7）体验活动的乐趣,培养幼儿活泼、开朗、积极向上的精神。

（三）课程原则

体验为本。在活动中,注重发挥幼儿的主体地位,以幼儿体验为本,实现幼儿园与家庭在育人上的"无缝衔接"。

生活为源。一是课程目标要符合幼儿发展的需要,要从学习能力、生活态度、情感与自我意识、审美情趣等方面为幼儿奠定发展的基础;二是课程内容要来源于生活,从属于生活,服务于生活;三是课程实施要以活动、体验为特点,教与学以做为中心。

整合为系。家园共育课程以培养"完整儿童"为最终目标,全方位地发展孩子的运动、语言、认知、情感、创造、社会交往等能力,使幼儿在快乐的游戏活动中,增进感情,促进交流,最终促进幼儿健康和谐的发展。

(四)课程实施

以山东省统一的省编教材《幼儿教师指导用书》为课程素材,以主题活动的实施为载体,以健康、社会、语言、科学、艺术为活动板块。通过课程实施,促进幼儿情感、态度、认知能力、技能等方面的发展。

1. 家园共育与教学完美融合

首先,家长参与活动准备。家长也是幼儿园教学活动的参与者,在活动开展前我们就充分发挥家长的作用,让其成为教学活动的材料提供者,为孩子做好经验的准备。如,"美丽的秋天"主题中孩子们要认识各种成熟的果实,在家长了解到我们的活动内容后主动准备了各种各样的果实:香香的瓜子、花生,甜甜的栗子、红薯,脆脆的甘蔗、苹果,孩子们吃到嘴里,甜到心里,体验到了秋天给他们带来的最原始的满足。有的家长让孩子带来了秋天景色的图片:秋天将沉甸甸的稻穗染成金黄色,将枫叶染成红色,天空显得格外的蓝,云朵显得分外妖娆……这些景色又给了孩子们视觉上的冲击。有了这些材料的帮助,孩子们觉得秋天不再遥远,她就藏在平时的食物中,躲在周围的色彩里。

其次,家长走进课堂。在课程实施中,我们敞开幼儿园的大门,欢迎各行业学有特长的家长来园发挥其所长,帮助教师和幼儿共同走进主题活动,丰富主题活动。爷爷来了,教会孩子们包粽子;警察妈妈来了,给孩子们讲述警察的故事;邮递员爸爸来了,孩子们懂得了更多的邮政知识;社区中的"茶艺师"请进来了,孩子体味茶韵的悠久。家长参与到课堂中,使我们的课程内容也不断得到充盈。

再次,家长参与活动延展。第一,孩子良好品格与习惯的养成需要家长的配合,品格与生活的教学需要家长的合作参与,需要扩展到家庭、社区及其儿童生活的许多空间,于是我们与家长一起,引导孩子良好的品格行为,帮助孩子形成良好的行为习惯。比如,引导孩子在家整理家务、自己穿脱衣物、讲礼貌等等;第二,家长参与主题活动评价。主题活动结束后,以主题活动发展评价表的方式请家长参与评价,使得对幼儿的发展评价更加真实可靠。

2. 以"家委会"为依托,丰富课程实施手段

首先,开展家委会社会实践活动,让幼儿园课程在真实的情景中进行。借助于家委会力量,采取"家委会主导组织,幼儿园辅助协调,家长支持合作"的方式,通过开展家委会社会实践活动,我们将课程从小课堂搬到大自然。例如,在中班"美丽的秋天"活动中,课程的实施需要带幼儿到大自然中去体验、感受季节的变化,那么,我们就通过家委会组织"走进田野"的活动。为了实施这一活动,到哪里找活动场地成了大家的难题。这时,家委会成员——在乡镇政府机关工作的姜明秀爸爸打来电话,帮助联系了一个活动场地。于是,一次由孩子和家长们一起在田野里挖地瓜、摘棉花、掰玉米、刨花生的体验活动顺利实施了。更让孩子们高兴的是农家将孩子们收获的玉米、地瓜、花生煮了一大锅,让孩子们美美地饱餐了一顿。同样在家委会的主导组织下,我们的教育活动获得了更为广阔的天地,如参观鸭场、到杏园子摘杏、去猎场放风筝、游览青岛海底世界、到大棚摘西瓜,等等。孩子们在家长的陪同下开阔了眼界,在体验中获得了发展;家长在孩子的笑声中感到了满足,在参与中认识了教育。这些活动的开展,让我们的课程在自然环境下进行,使课程回归孩子们的生活。

其次,利用家委会社会关系资源,使课程实施走进社区。社区本身就是一部大教材,它时刻在起着教育作用。我们充分利用家委会成员中丰富的社会关系资源,通过他们为幼儿园的社区教育活动直接提供帮助。比如:提供交通工具、活动场所,提供资料、道具、活动条件等。通过家委会提供的不同方面的帮助,我们把课程带到了社区大舞台中实施。例如,在"我喜欢的民间艺术"活动中,我们组织孩子开展"参观陶瓷展览"活动,让孩子对陶瓷工艺产生了极大兴趣。再如,结合课程内容,我们开展的

"走进绿色军营""走进消防队""走进敬老院""参观宝石博物馆"等社区活动,丰富了孩子们的知识面,拓展了教育的舞台,促进幼儿身心健康发展。

再次,吸收家委会智慧与力量,将家园共育课程形成园本文化。在我园连年举办大型亲子活动中,我们充分发挥家委会的带动作用,请家委会参与组织实施。例如,"秋季亲子运动会""小巧手大赛""书香宝宝大赛"等活动的评委都是来自家委会成员,"快乐六一周,欢乐嘉年华"活动中,由家委会成员表演的三句半、健美操、舞蹈,赢得了家长们的喝彩,"冬季健康家庭大行动"的策划同样包含着家委会成员的智慧。这一系列活动在家委会的参与实施下,对家长形成了一种强有力的引导带动作用。在这些活动中,都隐含着课程教育的意义,通过这样的活动,促进了幼儿多方面的发展,并在连年的举办中,使其成为一种固有的大课程教育活动,成为幼儿园的园本文化。

3. 建立"家园联系网",成为课程实施的助推器

首先,物质资源共享。我们把有限的科研经费用来为家长们征订各种幼教杂志,如《幼儿教育》《学前教育》《上海托幼》《早期教育》等。在园内固定位置处创设"图书漂流区",家长来园接送孩子时都可以借回家读。家长们从书籍中,学会了许多优秀的教育方法。

其次,网络信息资源共享。当前,微信已经成为网络信息传播的重要媒介,在家园共育课程实施中,我园建立了微信公众管理平台并设立微信公众号,充分运用网络媒体资源,积极主动地做好家园共育课程的实施工作。如,利用微信及时对家长进行幼儿教育引导,对家长和幼儿发布各种温馨提醒、加强家园共育的各种建议,指导幼儿参加社会实践,等等。

(五)课程管理

幼儿园成立课程管理领导小组,由园长、业务园长、保教主任、教研组长、骨干教师等人员组成,主要负责幼儿园课程方案的制定、实施、反馈、调整、评价等。

由业务园长、保教主任、骨干教师等人员组成课程研究小组,主要负

第一章　从家委会到家园共育课程

责课程实施的研究、课程内容的拓展、教师培训等。

由教研组长（按级部）与骨干教师组成课程实施小组，开展每周一次以上参与式研讨、教材培训与集体备课活动，进行班级情况交流、课程活动案例分析、观察方法与记录的研究等，以保证课程教材全面、深入的实施。

（六）课程评价

1. 建立家园共育教学资源包和幼儿活动资源包

我们将教学活动资源包的建立当成一个系统工程来抓，通过一次次的主题活动将幼儿园长期以来积累的课程实施成果打包，形成家园共育课程的资源。

2. 细化各种评价环节，有效开展家园共育课程

（1）幼儿成长记录袋的建设。我们每次活动后都制作教师以及家长对幼儿活动的评价表，将评价表放入幼儿成长记录袋中。对幼儿采取动态评价的方式，根据每个幼儿的特点、兴趣、发展状况等情况记录成册，通过对幼儿行为分析的方式对幼儿做出客观评价。

（2）对课程的评价。针对家园共育课程的教育计划和教育活动的目标是否建立在了解本年龄段幼儿现状的基础上，教育的内容、方式、策略是否调动了幼儿学习的积极性。另外，教育内容要求要兼顾群体和个体差异，为每个幼儿提供全面发展的机会。教师、家长与幼儿的互动应该是动态的。

（3）教师的评价。每次活动结束后，教师应对自己的活动安排及结果有一个反思与评价。如：活动目标是否实现、幼儿有否发展、幼儿有否进一步活动等。

幼儿园还利用社会、家长资源对幼儿发展、课程执行力和课程实施进行开放性的评价，促进家园共育课程的不断完善。

（七）保障措施

第一，幼儿园成立课程建设小组。

第二,做好教研培训,促进教师发展,保证课程实施规范有效。我们将园本培训与园本教研紧密结合,研训一体,努力促进教师在研究中提升,在实践中成长。

第三,加大经费投入,确保研究经费的及时划拨,改善幼儿园环境,为幼儿园课程实施提供必备的物质条件。

第四,协调社会、家庭,为开发课程提供保障。利用网络等各种载体大力宣传家园共育课程,营造良好的社会舆论氛围,争取社会各界、社区和家长的积极配合,探索建立幼儿园、家庭、社区有效参与的新机制。

四、家园共育课程的结构与设置

家园共育课程的设置,要加强课程的启蒙性、整合性和开放性,以适应不同年龄层次、不同发展水平幼儿的需要,家园携手,从为幼儿提供多元、自主、开放、整合的大教育,以"让儿童以儿童的方式成长"为办园理念,从"探究自然、关注社会生活、感受自我成长"三个维度出发,一方面整合优化山东省编教材,一方面自主开发园本课程,通过课程与活动同行,开发与使用同步,过程与评价为一体的途径,促使幼儿全面发展。

在课程比例上,我们将幼儿园课程分为共性课程和自主课程,其中自主课程占20%,而家委会课程又占到了自主课程的50%。课程的内容体系,可分为三大类。

综合实践课程:让幼儿走进自然、走进社会、走进群众中,感受自然的乐趣、体验劳动的辛苦,让幼儿在家长的陪同下开阔眼界(例如游玩系列活动、亲子采摘活动、放飞活动,等等)。

社会生活课程:主要结合节假日开展,在亲自动手体验中,幼儿学会了感恩、分享、交流与合作(如端午节包粽子、迎新年包水饺、迎中秋做月饼、环保制作、三八节给妈妈做礼物等)。

自我成长课程:如走进绿色军营、走进消防队、幼小衔接、职业体验等。

（一）家园共育课程结构

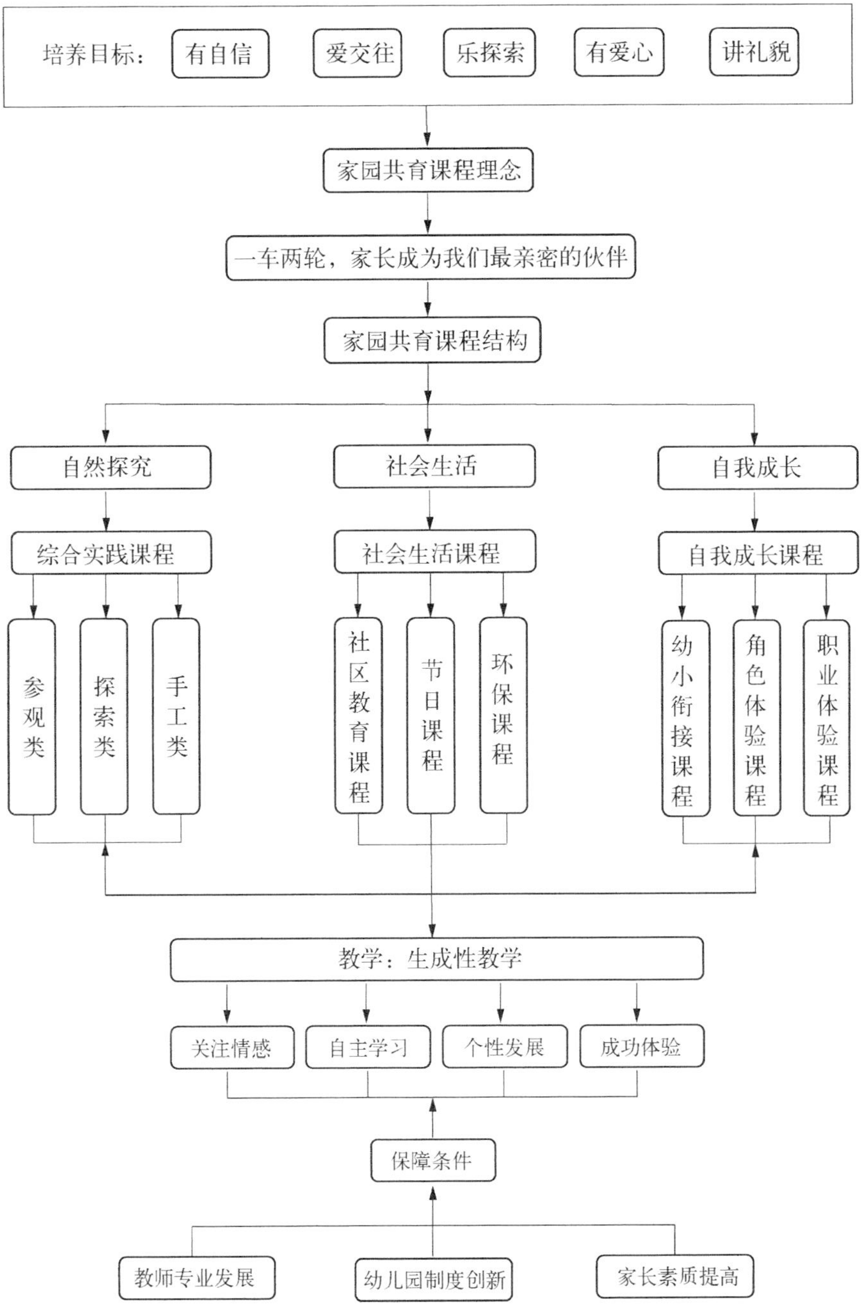

图2　家园共育园本课程顶层设计图

(二)家园共育课程内容体系

第一,在"自然探究"主线下,开发出参观类、探索类和手工类等综合实践活动课程。

表1 "自然探究"综合实践课程设置

时 间	小班 (课程内容)	中班 (课程内容)	大班 (课程内容)
9月份	"秋游西湖" "尧沟西瓜大棚之行"	"桃花朵朵开" "采摘葡萄" "寻找秋天 快乐出游"	"今日我当家" "参观新华书店"
10月份	"挖地瓜" "种子粘贴"	"挖地瓜" "种子粘贴"	"小小银行家" "秋收啦"
11月份	"方山赏菊花" "彩色梦工厂"	"方山赏菊花" "参观鸭厂"	"秋游石门坊" "走进造纸厂"
12月份	"甜甜蜜蜜——蛋糕制作DIY" "我是生活小能手"	"创意泥塑大比拼" "环保创意秀"	"创意泥塑大比拼" "科技节"
3月份	"春意盎然,亲近自然" "和动物相约,与自然拥抱"	"采摘圣女果" "踏青环保行" "风筝飞起来"	"健康徒步乐" "放风筝"
4月份	"蔬菜水果大变身" "彩绘风筝 放飞梦想"	"贝壳粘贴" "花样面点趣味多"	"种子粘贴" "奇妙的扎染" "叭叭叭 汽车开来了!"
5月份	"飘香端午 情更浓" "走进菜场 收获满满"	"端午节" "烤饼干" "参观图书馆"	"飘香端午 情更浓" "走进蔬菜博览会"
6月份	"水果沙拉" "种子粘贴"	"水果沙拉" "玩具王国之旅"	"陶泥乐 乐陶陶" "参观健身房"

第二,在"社会生活"线索下开发完善社区教育课程、节日课程和环保课程。

表2 "社会生活"社区教育课程设置(小、中、大班自选)

类别	文 化 公 园	社 区 艺 术	职 能 机 构
课程内容及目标	(一)参观恐龙博物馆 (二)参观美术馆 (三)参观潍坊风筝博览会 (四)走进寿光菜博会 (五)走进潍坊科技馆	(一)参观青州古城 (二)参观杨家埠年画 (三)走进陶瓷博物馆	(一)走进消防 (二)走进军营 (三)走进福利院 (四)温暖爱心行 (五)"我为残疾儿童献爱心"

表3 "社会生活"节日课程设置(小、中、大班自选)

类别	庆 祝 活 动	节日纪念	感恩教育
课程内容	三八妇女节、五一劳动节、国庆节、六一儿童节、元旦、春节、元宵节	端午节、植树节、中秋节	母亲节、父亲节、重阳节、教师节

表4 "社会生活"环保课程设置(小、中、大班自选)

年龄段	课程内容	目　　　　标
中、大班	(一)自行车环城游	目标：1.了解人们日常出行的方式；2.观察了解摩托车、汽车给环境带来的危害,养成科学的生活态度,提高环保意识；3.萌发热爱大自然,保护大自然的情感
小、中、大班	(二)小巧手制作	目标：1.了解垃圾中有些物品可以回收利用,加工变成有用的物品,知道乱扔垃圾、浪费资源的危害；2.增强动手操作能力,提高幼儿废物再利用的意识,体验成功的快乐
中、大班	(三)美丽绿丝带	目标：1.培养环保意识,提高废旧物品利用能力；2.在操作中,感受装饰的美,体验亲子活动乐趣；3.提高语言表达和社交能力
小、中、大班	(四)环保时装秀	目标：1.培养环保意识,珍惜可利用资源；2.通过用各种废旧材料设计制作款式各异的表演服装,提高动手操作能力及参与表演的兴趣,体验亲子活动的快乐

第三,在"自我成长"线索下开发以幼小衔接、未来职业和角色体验为主要内容的自我成长课程。

表5　自我成长课程设置(小、中、大班自选)

类别	幼 小 衔 接	未 来 职 业	角 色 体 验
课程内容及目标	(一)"走进小学" (二)"小学生小学老师走进幼儿园"	(一)"建设未来的房子" (二)"我是小小设计师" (三)"我的未来梦" (四)家长进课堂(邀请特殊职业的家长来园)	(一)"汉堡DIY" (二)"跳蚤市场" (三)"提拉米苏DIY" (四)"爱心义卖"

第二章
家园共育课程实践之一
——自然探究类

表6　家园共育——自然探究类课程安排
（上学期）

时间	小 班	中 班	大 班
9月份	"秋游西湖" 目标：与爸爸妈妈一起秋游西湖公园，感受秋天的变化，体会秋天凉爽的气候及玩耍的快乐 "尧沟西瓜大棚之行" 目标：了解各类蔬菜水果的名称及生长环境，开阔眼界，感受蔬菜	"游金宝活动" 目标：集体游玩，体验秋游金宝的乐趣，培养幼儿的集体意识，引导幼儿认识更多的小动物 "尧沟西瓜大棚之行" 目标：了解各类蔬菜水果的名称及生长条件，开阔眼界、增长知识	"采摘葡萄" 目标：体验亲手采摘葡萄的乐趣，感受大自然的美妙，体验收获的快乐，增进亲子之间的感情 "游金宝活动" 目标：集体游玩，体验秋游金宝的乐趣，认识、了解各种植物在秋天的变化
10月份	"挖地瓜" 目标：走进大自然，了解农作物的生长环境，体验收获地瓜的乐趣，感受秋天景象 "开轩生态园采摘" 目标：了解葡萄和花生的生长环境，体验和爸爸妈妈一起合作摘葡萄、挖花生的乐趣	"挖地瓜" 目标：走进大自然，了解农作物的生长环境，体验收获地瓜的乐趣，感受秋天景象 "开轩生态园采摘" 目标：体验亲手采摘葡萄的乐趣，感受大自然的美妙体验收获的快乐	"挖地瓜" 目标：走进大自然，感受家乡的美丽景色，知道地瓜是生长在地里的，了解地瓜的叶子是什么样子的，体验亲子劳动的乐趣 "种子粘贴" 目标：认识各种各样的种子，并进行粘贴制作，能利用同样的种子粘贴不同的东西
11月份	"方山赏菊花" 目标：走进大自然，了解菊花的生长环境，体验赏菊花、扑蚂蚱的乐趣 "种子粘贴" 目标：认识各种各样的种子，并进行粘贴制作，将种子进行变化与装扮，体验种子的神奇多变	"方山赏菊花" 目标：走进大自然，了解菊花的生长环境，体验赏菊花、扑蚂蚱的乐趣 "参观鸭厂" 目标：参观鸭厂，参观鸭子的成长环境，了解鸭子的成长习性，亲子给鸭子喂食，萌发关爱小动物的情怀	"秋游石门坊" 目标：走进大自然，认识遍山的红叶，体验大自然的季节变化 "方山赏菊花" 目标：走进大自然，了解菊花的生长环境，了解菊花的外部特征，了解其功能，体验赏菊花、扑蚂蚱的乐趣
12月份	"创意泥塑大比拼" 目标：培养幼儿对泥工活动的喜爱，培养幼儿对大自然中泥土沙石的兴趣	"创意泥塑大比拼" 目标：培养幼儿对泥工活动的喜爱，在操作中学习团圆和压扁的方法	"创意泥塑大比拼" 目标：主要培养幼儿的视觉和情感获得满足和愉悦，及其对美的感受能力和艺术创造能力的培养 "尧沟西瓜大棚之行" 目标：了解各类蔬菜水果的名称及生长条件，开阔眼界、增长知识，体验农民伯伯的辛苦

表7　家园共育——自然探究类课程安排
（下学期）

时间	小班	中班	大班
3月份	"春游金宝" 目标：感受春天金宝乐园植物及动物的变化，萌发对春天动植物的喜爱，体会春游的乐趣 "春赏桃花" 目标：认识遍山的桃花，欣赏春季人文景观，体验大自然季节的变化	"草莓采摘" 目标：了解草莓的生长环境和营养价值，体验亲手采摘草莓的乐趣 "放飞春天" 目标：感受春天万物复苏的景象，体验春暖花开放风筝的喜悦心情	"种植乐" 目标：了解不同的植物在不同季节的变化，掌握种植的步骤及方法，培养爱心、耐心、责任心以及观察力 "观赏桃花" 目标：走入自然环境中，认识遍山的桃花，了解桃花瓣的外部特征，体验大自然季节的变化
4月份	"春游湿地公园" 目标：亲近自然，开阔视野，感受春天 "草莓采摘" 目标：亲自参观草莓的生长环境，亲手采摘草莓并品尝，体验劳动收获果实的快乐	"春游湿地公园" 目标：亲近自然，开阔视野，感受春天 "赏桃花" 目标：亲近自然，体验赏桃花的乐趣	"采摘草莓、西红柿" 目标：体验亲手采摘草莓和西红柿的乐趣，感受大自然的美妙并体验收获的快乐，了解植物的生长环境及用途，知道这些植物的营养价值 "农家乐" 目标：培养与家长的合作能力，亲近自然，体验农家乐，了解各种植物的生长变化
5月份	"参观鸭厂" 目标：参观鸭子的成长环境，了解鸭子的成长习性，萌发关爱小动物的情感 "蓬莱极地海洋世界" 目标：了解海洋生物的特征和习性，观看动物们的精彩表演，培养热爱大自然的情感	"蓬莱极地海洋世界" 目标：了解海洋生物的特征和习性，观看动物们的精彩表演，培养热爱大自然的情感 "采摘樱桃" 目标：体验采摘的乐趣，了解樱桃的生长环境及樱桃对人身体的好处	"游云门山" 目标：感受云门山富有民族风情、山水环绕的景点之美，发现春末夏初植物的变化 "蓬莱极地海洋世界" 目标：了解海洋生物的特征和习性，认识海洋生物的名称，观看动物们的精彩表演，并画出"我眼中的海洋世界"
6月份	"水果拼盘" 目标：认识各种夏季常见水果，了解水果的营养，体会自己动手制作水果拼盘的快乐，品尝水果沙拉的美味 "果壳粘贴" 目标：将果壳收集起来进行粘贴，充分发挥自己的想象力和动手操作能力	"水果沙拉" 目标：体验一同制作水果沙拉的乐趣，培养动手能力和审美能力 "野炊之旅" 目标：亲近自然，享受快乐的野炊之旅，锻炼交往能力，体验爸爸妈妈平日的辛苦	"水果沙拉" 目标：知道水果沙拉的制作方法，感受劳动的乐趣，进一步培养动手能力，增强自我服务和为他人服务的能力 "野炊之旅" 目标：亲近自然，享受快乐的野炊之旅，锻炼交往能力，懂得与他人分享，服务自己与他人的品质

第一节
自然探究类课程实践之大班篇

活动一 种植乐亲子活动

活动时间

3月。

活动地点

幼儿园院内。

活动目标

1. 体验劳动的快乐与辛苦。

2. 学会合作,理解互相合作的重要性。

3. 感受美化环境的意义,增进亲子之情。

活动准备

1. 孩子与家长提前在家将种植器皿装饰好,制作"爱心卡"。

2. 收集废旧物品及辅助材料。如各种包装空罐、饮料空瓶、空罐、土、适量的培植土、挖土的小铲子、剪刀、废旧的大盆(洗衣服桶、其他塑料桶等)、废旧鞋架、废旧鞋子靴子,废旧轮胎等等。

3. 适合于春天种植的种子或者小幼苗、装饰花盆的小材料。如青菜、蚕豆、土豆、萝卜、芹菜、花草等各种植物。

活动过程

一、家委会会长讲解活动要求及注意事项

1. 请家长引导孩子正确使用种植工具,不能与其他小朋友打闹。

2. 中间不提醒孩子集体喝水,请家长在孩子口渴时,让孩子主动去班级里找自己的杯子。

3. 请家长引导孩子在指定区域内活动。

4. 结束之后会请家长和孩子们把栽种的植物展览放到院子安全位置处。

二、活动开始

1. 请家长和孩子按照要求自带适合做盆栽器皿的废旧物品,如包装空盒、饮料空瓶、空罐、废旧鞋子靴子、废旧小卡车玩具等。家长和孩子共同讨论制作器皿、种植植物的方法,充分发挥想象力及创造力制作有创意的盆栽容器并种植盆栽。

2. 小组讨论应该选择什么样的植物进行种植,共同种植"爱心小盆栽"。

3. 为种植的盆栽浇水。

三、结束部分

1. 布置"爱心小盆栽"展览会。

2. 以小组为单位,在幼儿园院子内将自制的盆栽作品进行展示,要求无安全隐患。

活动二 游云门山

活动时间

4月19日 7:30—15:00。

活动地点

青州云门山。

活动人员

大班幼儿及家长。

活动目标

1. 感受云门山富有民族风情、山水环绕的景点之美。

2. 发现春末夏初植物的变化。

3. 在活动中进一步养成团结协作、勇敢、坚强的好品格。

活动准备

1. 家长自带水、方便袋(1个)、午餐。

2. 扩音器、相机。

3. 通知家长在幼儿园门口集合。

4. 提前与家长、司机签订好安全责任书。

活动过程

1. 7:40—8:00 会长负责接待家长签安全责任书,其他家委会成员协助组织早来的孩子和家长。

2. 8:00—8:10 会长讲解活动注意事项:(1)家长在车上照看好自己的孩子,要求孩子在车行驶中不离开座位、不打闹。(2)保持车内卫生,不要随地乱扔垃圾。

3. 8:10—8:20 家长幼儿排好队,手拉手,家长在左,幼儿在右,排队有序上车,坐好后,会长清点幼儿人数。

4. 8:20—9:30 出发前往目的地。乘车途中会长提醒幼儿、家长注意事项。同时组织幼儿游戏(手指游戏)、说儿歌("手足口病能预防""太阳当头防晒伤""集体外出不乱跑""别碰电风扇""打火机不能玩""闹花灯"等儿歌)。

5. 9:30—9:40 下车,买票。由财务委员买门票,其余家长排好队等候。

6. 9:40—10:00 集体游戏。播放音乐:跳集体舞《大王带我来巡山》《感到幸福你就拍拍手》。

7. 10:00—11:30 自由活动。家长带孩子自由参观,选择自己喜欢的地方。

8. 11:30—12:30 午餐休息,家长带领孩子到指定地方集合,和同伴进行野餐,分享自己的午餐。

9. 12:30—14:40 分享自己的收获。锤锤打打(家长孩子围圈坐下,听音乐相互捶捶背做放松活动)。

10. 14:40—14:50 会长总结。清点人数,家长幼儿手拉手排队有序上车。

11. 15:00 乘车返回家中。活动结束。

活动三 水果沙拉

活动时间

5月26日15:00—16:10。

活动地点

幼儿园院内。

活动目标

1. 知道水果沙拉的制作方法。

2. 感受劳动的乐趣,进一步培养动手能力。

3. 增强自我服务和为他人服务的能力。

4. 家长有进一步了解自己孩子的机会,加深家园情、师生情、亲子情。

活动准备

1. 水果刀(家长自备)。

2. 各种水果,沙拉酱7瓶,中型盆7个,勺子14个,碟子44个,一次性手套、牙签若干。

活动过程

1. 8:00前到班上接孩子,组织家长、孩子洗手,请家长带着孩子在音乐室集合。请家长抽签分组,带孩子到各自的座位上。

2. 班主任讲话,欢迎各位家长来参加这次的活动并交代活动时注意的安全事项。

3. 向家长、孩子介绍说明今天特色活动的内容"水果沙拉",并告知活动流程：做水果沙拉（洗水果、切水果，倒上沙拉酱请孩子来拌）。详细分工，所有人将分为7组，每组有一位组长作为总负责人。讲清规则：家长先抽签分组，带孩子到自己的座位上，请每组的总负责人分配工作，并且进行活动。活动过程中请孩子告诉家人有哪些水果、是什么颜色的、什么味道的。

4. 请家长和孩子观看做水果沙拉的示范。

5. 请老师分组发放水果食材，盆、勺子、一次性手套、牙签等，家长进行操作活动。

6. 请孩子和家长一起感受并分享亲子做的水果沙拉。

7. 进行集体分享。请孩子说出自己的感受。

8. 收拾工作：各组选出三位家长做洗刷工作，其余三位家长带着孩子们收拾桌面。

9. 活动的效果及评价。

活动四　走进高崖水库亲子采摘

活动时间

10月。

活动地点

高崖水库。

活动人员

大班幼儿、家长、教师。

活动目标

1. 通过采摘活动，充分感受集体外出的兴奋和喜悦，并增进彼此间的情感交流。

2. 锻炼意志，体验劳动的艰辛以及丰收的喜悦，养成分享的好品格，并为家庭间的相互交流搭建平台。

3. 亲近自然，开阔视野，寻找和观察秋天的美景，感受大自然中各种植物的变化,培养热爱大自然的情感。

活动准备

1. 挖红薯的工具;为幼儿准备好午餐和水及垃圾袋;家长和幼儿穿便于行走的鞋子和衣服。

2. 进行安全教育,特别是上下车、自由采摘活动等过程中,尤其要注意安全。

3. 提醒家长和幼儿自觉遵守时间,准时上下车。

活动过程

1. 7:50—8:00 家长和幼儿准时到达幼儿园。家长签到、填写安全责任书,会长讲清楚注意事项。

2. 8:10 准时出发。路途中引导幼儿和家长做互动游戏,表演儿歌、歌曲。

3. 9:10 到达目的地。

4. 9:10—9:30 幼儿家长稍作休息,观察自然中的各种植物。家委会成员介绍农作物,引导幼儿观察植物的茎叶,了解农作物的生长环境及生长特点。

5. 9:30—10:40 幼儿家长共同动手扯蔓,挖红薯。

6. 10:40—11:00 分享劳动成果,互相交流收获的快乐。

7. 11:00—12:20 自由活动,中午在采摘园附近午餐,体验野餐的乐趣。

8. 12:20—13:30 集体游览库区,欣赏美丽景色。

9. 13:30—14:00 集合,家长幼儿交流,快乐返回。

活动五　金秋畅游石门坊

活动时间

11月。

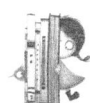

活动地点

临朐石门坊。

活动人员

大班的全体家长和幼儿。

活动目标

1. 走入自然环境中,认识遍山的红叶,欣赏秋季人文景观,体验大自然季节的变化。

2. 享受集体活动的乐趣,增进团队合作意识,增加和爸爸妈妈之间良好的情感。

3. 丰富学习生活,提高专注、合作、坚持等品格。

活动准备

活动材料准备:

1. 家长、幼儿穿轻便的运动装。

2. 足量的饮用水、食品及零食。

知识准备:本着安全第一原则,活动前对幼儿进行专项安全教育、园外活动安全教育、交通安全教育、园内外环保教育等。

活动过程

1. 7:40 在幼儿园门口集合。

2. 7:40—8:00 会长点名并交代本次活动的注意事项。

3. 8:00—10:00 旅程中。

(1)教师组织幼儿集体演唱歌曲和儿歌,个别幼儿表演,带给家长和幼儿一个快乐的旅程。

(2)教师讲解秋游石门坊的目的和意义:小朋友,今天我们去的是临朐县的石门坊景区,在那里有遍山的红叶,非常漂亮;当我们到了之后,就会发现一座古朴典雅的石门牌坊;那个地方还有山泉,水非常清澈;石门坊的佛塔也别具风味,石门坊里有八洞,还有很多的柿子树。每个小朋友可以收集一些掉在地下的红叶。注意要保护环境,不乱扔垃圾哦!也不

乱摘树叶和花。

4. 10:00—12:00 活动内容。

(1) 在家长的带领下,逛石门坊,观看遍山的红叶,并收集落叶。

(2) 逛石门坊八洞,引导幼儿认识龙洞、三元洞、仙人洞、悬天洞、尊天洞、串门洞、盼僧洞。洞势各异,惊险诱人。

5. 12:00—13:30 午餐、休息,到点集合。

6. 13:30—14:30 参观柿子树。

7. 14:30 集合,清点人数,准备返回。

第二节
自然探究类课程实践之中班篇

活动一 采摘草莓和西红柿活动

活动时间

3月28日上午8:00—11:00。

活动地点

昌乐县河头三汊河。

活动人员

中班幼儿及家长。

活动目标

1. 体验亲手采摘草莓和西红柿的乐趣,感受大自然的美妙并体验收获的快乐。

2. 了解植物的生长环境及用途,知道这些植物的营养价值。

3. 增进亲子之间的感情,有仁爱的好品格。

活动准备

1. 家长自带水、方便袋(1个)。

2. 扩音器、相机。

3. 通知家长在幼儿园门口集合。

4. 提前与家长、司机签订好安全责任书。

活动过程

1. 7:30—7:50 家长签到及签订安全责任书。会长讲解乘车的安全:

(1) 家长在车上照看好自己的孩子,要求孩子在车行驶中不得离开座位。

(2) 维持好车内和采摘园的卫生,不随地乱扔垃圾等。

2. 8:00—9:00 到达目的地,会长介绍本次活动的目的以及注意事项。

3. 9:10—9:20 认识草莓和西红柿。

在采摘草莓和西红柿之前会长带领幼儿先认识草莓和西红柿,了解草莓长在什么地方,草莓的叶子是什么颜色,是什么形状的。认识一下西红柿长在什么地方,西红柿的叶子是什么颜色和形状的。

4. 9:20—10:10 开始采摘活动。

5. 10:10—10:20 活动内容。

(1) 分享自己的收获(分享自己采摘的果实,分享自己认识的草莓和西红柿的知识)。

(2) 谈一谈这些果实都有哪些营养价值,能做成些什么。

6. 10:20—10:50 亲子游戏和亲子音乐游戏。

亲子游戏:

(1) 丢手绢。

玩法:幼儿、家长共分2组进行游戏,手绢在谁的后面,谁就站起去抓丢手绢的人,丢手绢的人被抓住后,家长和幼儿共同表演,体验集体游戏的快乐。

(2) 袋鼠妈妈。

玩法:孩子和妈妈面对面站好,妈妈跑到对面,让孩子双手抱紧妈妈的脖子,双腿夹紧妈妈的腰,像小袋鼠一样紧紧挂在妈妈的胸前。妈妈抱着孩子,双脚向前跳回起点。

7. 10:50—11:05 会长总结、教师小结(对于本次活动做简单的总结)。集体乘车回幼儿园。

8. 12:00 返回家中。

活动二 创意泥塑大比拼

活动目标

使视觉和情感获得满足和愉悦,培养对美的感受能力和艺术创造能力。

活动人员

中班段全体幼儿。

活动时间

5月。

活动地点

幼儿园院内。

活动准备

活动桌32张,一次性桌布32张,橡皮泥和泥工板(幼儿自带)。

比赛设想

橡皮泥创作是主观的、动态的、扩展的、想象的和多向的模式,既有平面的、立体的,又有具体的、抽象的,也有综合的、多元材质合成的……它是集绘画、色彩、立体造型于一体的综合艺术,它尊重孩子个性的发展,在培养独立性、个性发展的同时倡导合作意识,鼓励孩子去思维、去发现、去创造,为他们展开一个相对自由的、全新的创作空间。《纲要》在艺术领域提出了"感受与创造并重"的教育观,强调让幼儿的视觉和情感获得满足、愉悦的同时,培养其对美的感受能力和艺术创造能力。曾经有陶艺教育家说:体验让孩子发挥个性,发挥创造力、想象力,使他的生活经验能够透过陶泥达到情感的宣泄,在创造过程中,体验生活、体验成功的喜悦。结合我园成长节中班段特举行"创意泥塑大比拼"活动。

比赛要求

1. 内容自己命题,要有创意。制作要求:(1)参赛幼儿要独立进行作品的创意、设计并自己动手实现创作。(2)制作自己命题,造型生动,

立体感强,制作手法独特,可使用少量辅助物结合使用,作品黏合尽量牢固。(3)避免使用复杂、不安全的工具、尽量利用简单有效的方法,创作出丰富多彩的作品。

2. 幼儿对号入座,自备橡皮泥、塑料桌布、工具等。

3. 制作时间为 40 分钟。

4. 以班级为单位现场评出各班前十名予以奖励。

评委老师

中班全体老师。

活动三 秋游金宝乐园

活动时间

9 月 18 日(周六上午)。

活动地点

潍坊金宝乐园。

活动人员

中三班的全体家长和小朋友。

总负责人

中三班家委会会长。

分管负责人员

家委会成员。

活动目标

1. 认识稀有动物和植物,拓宽视野。

2. 欣赏秋天的景象,体验与爸爸妈妈游玩的快乐。

3. 喜欢参加游戏,在游戏活动中提高自己讲秩序、有爱心的好品格。

活动过程

1. 7:00 在幼儿园门口集合。

2. 7:00—7:20 签订活动安全责任书,会长点名并介绍本次活动的注意事项及任务。

3. 7:30—8:30 旅程中。

（1）组织幼儿集体演唱歌曲（"两只小小鸭""鱼儿好朋友""我爱我的幼儿园""会跳舞的跳跳糖""好宝宝"）和儿歌（"幼儿园是我的家""安全儿歌"），集体做手指游戏和音乐游戏"开着小车去郊游"，个别幼儿表演，带给家长和幼儿一个快乐的旅程。

（2）会长讲解"秋游金宝乐园"的目的和意义：小朋友们，你们喜欢什么动物和植物？它们都长得什么样子？你为什么喜欢它们呢？一会儿，小朋友可以跟着爸爸妈妈一起去看看金宝乐园里有没有你喜欢的动物和植物，看见喜欢的动物、植物，我们都要做一个讲秩序、有爱心的好宝宝，不乱扔垃圾，不乱摘花草哦！还有，每个小朋友可以收集一些掉在地下的落叶做标本。

4. 8:30—11:00 活动内容。

（1）亲子游戏，增进亲子之间的情感。第一个游戏"蜈蚣竞走"，分成两组，家长一组、孩子一组进行蜈蚣竞走的比赛。第二个游戏"大脚小脚"，请小朋友们站在爸爸或妈妈的脚上，分成四组，看哪一组走得最快。第三个游戏"彩虹伞"，请家长朋友和孩子们一起玩"转彩虹伞"，发现彩虹伞的秘密。

（2）会长布置任务：小朋友们，我们现在要和爸爸妈妈一起去看动物和植物啦，等我们看完了以后请小朋友们给大家介绍3种你喜欢的动物和植物，它们长什么样子，喜欢做什么。所以我们一定要认真地观察，比比哪个小朋友的眼睛最亮。还有，今天来玩的人有很多很多，一定要和爸爸妈妈拉好小手哦。

（3）全体小朋友及家长在会长的带领下逛动物园，各位家长向孩子们介绍东北虎、非洲狮、棕熊、骆驼、孔雀、丹顶鹤、梅花鹿、熊猫等珍稀物种的名称以及外形特征。

（4）全体小朋友及家长在会长的带领下逛果树观光园，各位家长与

孩子一起观赏葡萄长廊、金银花长廊,家长向孩子介绍苹果、板栗、核桃、石榴、柿子等多种果树并带领孩子收集落叶。

5. 11:00—11:30 集合,清点人数,组织孩子介绍喜欢的动物、植物。

6. 11:30 会长就本次活动做总结,结束本次活动,准备返回。

活动四　开轩生态园采摘

活动时间

9月。

活动地点

潍坊市寒亭区开轩生态园。

活动人员

本班教师,班级中报名的幼儿及家长。

活动目标

1. 体验亲手采摘葡萄的乐趣,感受大自然的美丽,体验收获的快乐。

2. 增进亲子感情。

活动准备

1. 家长自带方便袋一个。

2. 扩音器、相机。

3. 通知家长集合时间及地点。

活动过程

1. 7:30 三位老师带好签到表和点名册及安全责任书,在教室门口等待家长和孩子。

2. 7:30—7:50 一位老师接待家长负责签安全责任书,两位老师组织孩子和家长。等人到齐后讲解乘车的安全规则:(1)家长在车上照看好自己的孩子,要求孩子在车行驶中不离开座位。(2)保持好车内清洁和生态园的卫生,不要随地乱扔垃圾。

3. 7:50—9:00 到达活动地点。

4. 9:00—9:10 会长发言,介绍本次活动的目的以及注意事项。

5. 9:10—9:20 认识葡萄和花生。教师在采摘花生和葡萄之前带领幼儿先认识花生和葡萄,了解花生长在什么地方,花生的叶子是什么颜色、什么形状的。认识葡萄长在什么地方,葡萄的叶子是什么颜色、什么形状的。

6. 9:20—10:10 开始采摘活动。

7. 10:10—10:20 分享自己的收获。分享自己摘的果实,分享自己对花生和葡萄的认识。

8. 10:20—10:50 亲子游戏和亲子音乐游戏。

(1) 亲子游戏:夹球跑。幼儿抱球从起点跑至终点,将球交给家长。家长将球夹在腿间跑回终点,快者为胜。如球掉需捡回球重新夹住,继续走。

(2) 亲子音乐游戏。问候舞,家长孩子手拉手围成一个圈,听音乐玩游戏。

锤锤打打,家长孩子围圈坐下,听音乐相互捶捶背做放松活动。

9. 10:50—10:55 会长总结,教师小结(对于本次活动做简单的总结)。

10. 10:55—11:00 离开准备。

活动五 参观鸭厂

活动时间

11月14日上午8:00—11:00。

活动地点

山东省潍坊市昌乐县营邱孵化场。

活动人员

中班幼儿及家长、教师。

活动目标

1. 参观鸭厂,参观鸭子的成长环境,了解鸭子的成长习性。
2. 亲手给鸭子喂食,萌发关爱小动物的情怀。

活动准备

1. 家长自带水、穿轻便衣服。
2. 扩音器、相机。
3. 通知家长在规定时间到幼儿园门口集合。
4. 提前与家长、司机签订好安全责任书。

活动路线

昌乐宝通街—朱红路往南—五图镇—徐将军村往东—营邱孵化场。

活动过程

1. 7:30—7:50 家长到幼儿园集合签到并签订安全责任书。会长宣读安全责任书、讲解乘车的安全注意事项:

(1) 家长在车上照看好自己的孩子,要求孩子在汽车行驶中不得离开座位。

(2) 保持好车内和鸭厂的卫生,不随地乱扔垃圾。

2. 8:00—9:00 到达目的地,会长介绍本次活动的目的以及注意事项。

路途中教师组织活动:

小朋友们,这段时间我们又学到了很多本领,一起向爸爸妈妈展示一下吧。

(1) 小朋友今天是跟谁一起出来玩的? 你们家里都有谁呀? 我们一起来唱一唱《我家有几口人》。

(2) 乐意付出是好品格,把我们的手势操教给爸爸妈妈,好不好?

(3) 在幼儿园玩耍时,我们要注意安全,在家里不要乱动爸爸的工具箱,我们一起来唱一唱《爸爸有个工具箱》。

(4) 今天我们一起出来玩,小朋友开心吗? 也要注意安全,拉紧妈妈的手,我们一起来说安全儿歌《明晃晃的玻璃》,请爸爸妈妈给我们打节奏。

(5) 我要跟小朋友一起来了解一下鸭子的皮肤、嘴巴、额头、脚掌,鸭子走路的样子和叫声。

3. 9:00—10:00 到达目的地。专业人员介绍参观秩序,有序进行参观。观看鸭子的生活环境,以及小鸭子的孵化环境。

4. 10:00—10:20 分享交流鸭子及小鸭子的孵化状态,将自己的感受进行分享,并模仿小鸭子的动作。

5. 10:20—11:00 模仿鸭子的样子进行活动。

(1) 集体表演《两只小小鸭》《小胖鸭子捉迷藏》。

(2) 游戏:寻找鸭妈妈。

6. 11:00—11:10 会长总结、教师小结(对于本次活动做简单的总结)。集体乘车回幼儿园。

7. 12:00 返回家中。

第三节
自然探究类课程实践之小班篇

活动一 春游金宝

活动时间

3月12日(周六)。

活动地点

潍坊金宝乐园。

活动目标

1. 带孩子走进自然,认识各种动植物,欣赏春季人文景观,体验大自然季节的变化。

2. 享受集体活动的乐趣,增进团队合作意识,培养幼儿之间、家长之间,以及孩子和家长之间良好的情感。

3. 丰富孩子的学习生活,增进家长科学育儿经验及意识,培养孩子的专注合作、爱心等品格。

活动人员

1. 小一班、小二班的全体家长和小朋友以及班级教师。

2. 人员安排。

本着"安全第一"原则。活动前对幼儿进行专项安全教育、园外活动安全教育、交通安全教育、园内外环保教育等。为应对活动期间的突发事故,安排了两位幼儿妈妈作为活动全面协调人,家委会成员及班级教师担任班级分管负责人,医疗紧急处成立了安全领导小组,由班主任负责,分工明确,职责到位。家委会成员及教师准时到岗到位。

活动准备

1. 家长、幼儿穿轻便的运动装。
2. 足量的饮用水、食品及零食。
3. 彩笔、绘画纸。

活动过程

1. 7:40 在幼儿园门口集合。
2. 7:40—8:00 会长点名并交代本次活动的注意事项。
3. 8:00—9:00 旅程中,教师组织幼儿集体演唱,个别幼儿表演,带给家长和幼儿一个快乐的旅程。
4. 9:00—9:30 进行亲子游戏:抱抱乐、切西瓜、吹泡泡。
5. 9:30—12:00。

(1) 在家长的带领下,逛动物园,认识东北虎、非洲狮、棕熊、骆驼、孔雀、丹顶鹤、梅花鹿等珍稀物种。

(2) 逛果树观光园,观赏葡萄长廊、金银花长廊,认识苹果、板栗、核桃、石榴、柿子等多种果树,并收集落叶。

(3) 参观青少年国防教育基地,了解相关知识。

(4) 参观民俗园,了解民俗情调。

6. 12:00—13:00 在吊床区就餐、休息。
7. 13:00—14:00 幼儿与家长共同绘画"我喜欢的动物"。
8. 14:00 到金宝门口集合,各班清点人数,准备返回。

活动二 水果拼盘

活动时间

6月24日。

活动地点

幼儿园院内。

活动准备

1. 水果刀(家长自备)。

2. 各种水果,沙拉酱 7 瓶,中型盆 7 个,勺子 14 个,碟子 44 个,一次性手套、牙签若干等。

活动目标

1. 知道水果拼盘的制作方法。

2. 感受劳动的乐趣,进一步培养动手能力。

3. 增强自我服务和为他人服务的能力。

4. 让家长有进一步了解自己孩子的机会,加深家园情、师生情、亲子情。

活动过程

1. 上午 8:00 前到班上接孩子,组织家长、孩子洗手,请家长带着孩子在活动室集中。请家长抽签分组,带孩子到自己的座位上。

2. 班主任讲话,欢迎各位家长来参加这次的活动并说明活动时应注意的安全事项。

3. 向家长、幼儿介绍说明今天特色活动的内容"水果拼盘",并告知活动流程:做水果拼盘(洗水果、切水果,倒上沙拉酱请孩子来拌)。详细分工,所有人将分为 7 组,每组有一位组长作为总负责人。讲清楚规则:家长抽签分组,带孩子到自己的座位上,请每组的总负责人分配工作,并且进行活动。活动过程中请孩子告诉家人有哪些水果,是什么颜色、什么味道的。

4. 请家长和幼儿观看做水果拼盘的示范。

5. 请老师分组发放水果食材,盆、勺子、一次性手套、牙签等,家长进行操作活动。

6. 请孩子和家长一起感受并分享自己做的水果拼盘。

7. 进行集体分享。请孩子说出自己的感受。

8. 收拾工作:各组选出三位家长做洗刷工作,其余三位家长带着孩子收拾桌面。

9. 进行活动评价。

活动三　秋游西湖公园

活动时间

10月24日8:30。

活动地点

昌乐西湖公园。

活动人员

全体幼儿、25名家长。

活动目标

1. 欣赏秋天的景象,了解秋天里植物的变化。
2. 了解树木的种类、粗细,树叶的颜色、形状等。
3. 体验秋日户外活动的乐趣,初步体验合作游戏的快乐。

活动准备

1. 开始前讲好规则和安全要求等。
2. 适量饮品及小食品。
3. 游戏音乐等。

活动过程

1. 8:30 在公园门口集合,讲好规则和安全要求等。

2. 8:40 带领小朋友绕西湖公园一周,边走边了解树木(杨树、柳树和松树)的名称及生长特点,以及捡拾落叶等。在游览过程中,比较树木的粗细、高矮、数量等,观察树叶的形状、颜色。

3. 9:30 幼儿休息,分享食物。

教育孩子不随便乱扔果皮纸屑,养成讲卫生的好习惯(这里可以让幼儿进行食物的分享,培养他们的社会性;养成良好的卫生习惯,不随地乱扔垃圾)。

4. 9:50 知识回顾。

(1) 小朋友认识了哪些树,它们的树叶现在是什么样子的?

(2) 请小朋友展示自己收集的树叶并说一说它是哪种树上的叶子,有什么特征?(黄色/绿色,细长/小手形状……)

(3) 小朋友知道这些树木为什么变了样子吗?什么时候这些落叶树可以再长出新叶子?

(4) 我们在公园逛了这么久,小朋友们最喜欢公园的哪个地方?为什么喜欢呢?

5. 10:10 集体游戏。

(1) 彩虹伞:彩虹转,彩虹转,一转转到伞下面;彩虹转,彩虹转,一转转到伞外面;彩虹转,彩虹转,一转转到伞下面。

(2) 萝卜蹲:萝卜蹲,萝卜蹲,萝卜蹲完,白菜蹲。

幼儿与家长自由组合进行分组(4~5组),每组选择自己喜欢的蔬菜或者水果(注意:在游戏中时刻提醒幼儿注意安全)。

6. 10:50 家长幼儿互相交流活动感受,捡落叶,结束本次活动。

活动延伸

在家中和孩子共同绘画秋天的景象,可将作品带到幼儿园一起分享。

活动四 种子粘贴

活动时间

11月26日(星期五)15:00。

活动地点

小一班活动室。

活动人员

本班教师3名,小一班全体幼儿及家长。

活动目标

1. 在说说做做中感受与父母、同伴共同制作的乐趣。

2. 激发对粘贴画的兴趣,发展手指精细动作,培养做事的坚持性。

活动准备

1. 每组家庭自备卡纸(颜色自愿)、几种种子若干、白乳胶。
2. 种子图片、背景音乐、粘贴画图片。

活动过程

1. 认识各种种子。

简单交流各种种子的名称、用途。

小朋友们,桌上的种子我们都很熟悉,请小朋友说一说它们的名字。你们知道这些种子的用途吗?

黄豆:黄豆有"豆中之王"之称,营养价值丰富。黄豆可以制成酱,可以做成各种豆制品,可以榨豆浆,可以干炒,也可以做配菜,还可以做中医附方的药材。

绿豆:可以熬成汤,做成绿豆糕等,有清热解毒的功效。

大米:可以做成各种糕点食用。

小米:酿酒,酿醋,做成小米粥,填枕头,等等。

2. 欣赏粘贴画图片。

这些种子不但可以加工成好吃的食物,还可以制作成美丽的图画。今天我们就要和爸爸妈妈一起来尝试一下。

3. 介绍制作方法。

(1) 先用画笔画好轮廓(提前准备好彩笔)。请家长和孩子一起画一幅喜欢的图画。

(2) 进行粘贴。请家长和孩子一起在画好的轮廓线内涂上白乳胶,家长与孩子商量选择喜欢的种子,一起均匀地粘贴好(要沿着画好的轮廓线粘贴),装饰成一幅美丽的画。

注意事项:

① 每一幅作品完成后,家长需在作品的右下角写上作品名称、幼儿所在班级、姓名。

② 作品由家长和幼儿当场共同制作完成(粘贴的任务最好让幼儿完成),不可提前准备好作品。

(3) 分享展示。

(4) 整理活动场地、教师小结。

小朋友们,我们今天的收获可真不少呢。不仅了解了各种种子及其用途,还通过自己坚持不懈的努力,和爸爸妈妈完成了这么棒的作品,你们真是棒极了!

第三章
家园共育课程实践之二
——社会生活类

第三章 家园共育课程实践之二——社会生活类

表8 家园共育——社会生活类课程安排

类别	家园共育-社区教育类		
	文化公园	社区艺术	职能机构
内容	（一）参观恐龙博物馆 目标： 1.激发学习兴趣，增进亲子关系 2.在观摩中学习知识，体验自然界的奥妙，同时揭开了恐龙这一神奇物种以及玉石的神秘面纱 3.通过参观博物馆增强与同伴之间相互交流认识，增强凝聚力，为以后更好的发展奠定基础 （二）参观美术馆 目标： 1.培养良好的审美感觉，受到文化的熏陶 2.扩展美术视野，增长知识 （三）参观潍坊风筝博览会 目标： 通过活动了解风筝相关的故事、诗歌，了解中华民族的传统文化，丰富生活经验 （四）走进寿光菜博会 目标： 1.增强对蔬菜文化的了解，认识多种蔬菜，知道不同的蔬菜有不同的营养 2.了解蔬菜的种植方法	（一）参观青州古城 目标： 1.欣赏秋日的景象，体验户外活动的乐趣 2.认识各种古建筑，拓宽视野 3.提高有序、仁爱的好品格，初步建立环境保护意识 （二）参观杨家埠年画 目标： 了解潍坊传统的民俗和民间艺术，培养对民间文化的热爱，激发民族自豪感 （三）走进陶瓷博物馆 目标： 感受陶瓷带来的艺术美，近距离接触和体验家乡文化，拓宽视野，丰富社会领域教育	（一）走进消防 目标： 1.熟悉消防车及消防器材的使用，提高对突发事故的灵活应变能力 2.学习更多逃生、自救及自我保护的具体方法 （二）走进军营 目标： 1.了解解放军紧张而有序的生活，体会人民卫士工作的艰辛，感受安定生活的来之不易，激发热爱解放军之情 2.体验军队严格的纪律，严谨的工作作风、优良的生活作风，以提高纪律意识、团队意识，培养良好的行为习惯 3.了解有关军事、国防的知识 4.学有榜样，奋发向上，形成心有集体、心有他人的思想感情 5.接受爱国主义教育，培养初步的社会责任感 （三）走进福利院 目标： 通过参观儿童福利院、与福利院小朋友互动等方式来触动幼儿的心灵，学会感恩、感激，能够充满爱心 （四）温暖暖爱心行 目标： 1.给老人们送去亲人般的关怀 2.让他们感到社会的关爱与温暖，同时培养幼儿的社会责任心 3.积累社会经验，丰富课余生活，提高幼儿的社会实践能力 4.让幼儿学会用积极的心态面对生活，也呼吁更多的人去关注老年人、关爱老年人

续表

家园共育-节日活动类			
类别	庆 祝 活 动	节 日 纪 念	感 恩 教 育
内容	三八妇女节 目标： 1. 感受妈妈对自己的爱和自己对妈妈的爱 2. 知道"三八"节是妈妈的节日，能用各种方式来表达、表现自己对妈妈的爱 五一劳动节 目标： 1. 知道5月1日是国际劳动节 2. 知道身边的人都是劳动者，他们用劳动为大家服务，产生尊敬和热爱他们的情感 3. 养成从小爱劳动的好习惯 国庆节 目标： 1. 知道十月一日是国庆节，是祖国妈妈的生日 2. 通过制作生日蛋糕来庆祝祖国妈妈的生日 六一儿童节 目标： 1. 在愉快的参与中体验节日的快乐 2. 通过不同的表达方式，展现对音乐艺术的感受 3. 欣赏他人的表演，遵守会场的纪律 圣诞节 目标： 1. 了解圣诞老人、圣诞树的由来，感受圣诞节欢乐的气氛，一起欢度圣诞节 2. 了解圣诞节的吉祥物，知道圣诞节是外国人的节日，将它与中国的节日"春节"进行对比，感受中西节日文化的不同 3. 尝试制作装饰圣诞树、圣诞老人，画出心中的圣诞老人，折圣诞帽，体验节日的喜悦 庆元旦 目标： 1. 通过亲子迎新年活动增进家园联系，促进家长与教师之间、幼儿与幼儿之间的互动和联系，增进彼此的感情 2. 感受新年的欢乐和喜悦	端午节 目标： 1. 了解端午节的一些习俗以及由来 2. 积极参与活动，体验活动带来的快乐 植树节 目标： 1. 知道"3月12日"是植树节 2. 懂得保护植物就是保护环境的知识 中秋节 目标： 1. 知道农历八月十五是中秋节，初步了解中秋节的来历，知道中秋节是我国传统的团圆节 2. 了解中秋节人们的活动，通过品尝月饼、观赏月亮、学习和欣赏歌曲、制作水果拼盘等活动来体验节日的快乐，感受中国人的文化习俗 3. 通过活动，促进亲子交流，增进幼儿与父母之间的感情，体验节日的快乐	母亲节 目标： 1. 和妈妈一起过节，共同感受节日的快乐 2. 体会妈妈养育的辛苦，懂得感恩 3. 用自己的方式为妈妈送去节日的祝福 父亲节 目标： 1. 知道6月的第三个星期天是父亲节，知道爸爸的艰辛 2. 通过亲子游戏给父子提供交流的机会，增进父子、父女间的感情 重阳节 目标： 1. 学会关心、帮助爷爷、奶奶、外公、外婆 2. 激发幼儿热爱爷爷、奶奶、外公、外婆，和尊敬老人的情感 3. 通过与爷爷、奶奶、外公、外婆共同游戏、交谈，增进祖孙间的感情，发展幼儿的社会交往能力 教师节 目标： 1. 了解老师工作的辛苦，知道9月10日是教师节 2. 能用较清楚的语言介绍自己送给老师的礼物 3. 通过送礼物、说祝福等形式，大胆表达自己对老师的情感

续表

家园共育-节日活动类	
类别	环 保
内容	（一）自行车环城游 目标： 1. 了解人们日常出行的方式 2. 观察、了解摩托车、汽车给环境带来的危害，养成科学的生活态度，提高环保意识 3. 萌发热爱大自然，保护大自然的情感 （二）小巧手制作 目标： 1. 了解垃圾中有些物品可以加工变成有用的物品，知道乱扔垃圾、浪费资源的危害 2. 增强动手操作能力，提高废物再利用的意识，体验成功的快乐和喜悦心情 （三）美丽绿丝带 目标： 1. 增强环保意识，提高废旧物品利用 2. 操作中，感受装饰的美，体验亲子活动的乐趣 3. 语言表达和社交能力 （四）环保时装秀 目标： 1. 增强环保意识，珍惜可利用资源 2. 利用各种废旧材料设计制作款式各异的表演服装。提高动手操作能力及参与表演的兴趣，体验亲子活动的快乐

第一节
社会生活类课程实践之社区教育篇

活动一　走进消防

活动时间

3月20日上午。

活动地点

昌乐县消防大队。

活动人员

中二班家长、幼儿。

活动目标

1. 熟悉消防车及消防器材的使用。

2. 提高对突发事故的灵活应变能力,学习更多的自救、逃生及自我保护的具体方法。

活动过程

1. 3月18日下午请家长接孩子离园前签订安全责任书。

2. 8:40 家长签到。

3. 9:00—9:10 会长介绍活动内容,班主任强调注意事项。

4. 9:10—9:20 出发去昌乐县消防大队。

(1) 参观消防车,让幼儿了解:如果发生火灾,我们该怎么办？消防员为家长与幼儿讲解消防车的作用及组装。

(2) 消防员穿装备,边穿边讲解作用。

5. 10:20—11:00 了解和学习突发事故的灵活应变方法,消防员与幼儿互动,幼儿学习遇到火灾怎样逃生,认识消防通道的标志。

活动二　参观杨家埠民间艺术大观园

活动时间

4月10日(周六上午)。

活动地点

潍坊杨家埠。

活动人员

教师3人,幼儿31人,家长33人。

活动过程

1. 8:15出发,9:25到达参观地。会长清点人数(途中在车上组织幼儿唱儿歌、唱歌曲、做手指游戏等)。

2. 9:30—10:00集体在参观地活动。

(1) 参观潍坊风筝博物馆,欣赏形态各异的风筝。

(2) 参观风筝的扎制,请当地人员讲解风筝的制作过程,幼儿观摩体验。

(3) 参观风筝的印染过程,了解美丽的风筝传说。

在参观过程中引导孩子仔细观察和听讲解,并适当地动手操作,让孩子了解民俗和民间艺术;抓住有利时机对孩子进行集体主义观念和热爱家乡的教育。

3. 10:00—10:20亲子游戏活动:接力赛、老鹰捉小鸡。

4. 10:20—11:20自由活动。

(1) 参观鞋屋,欣赏各种各样的鞋饰展品。有革靴、木屐、旗鞋、铜鞋、娃娃鞋等。

(2) 幼儿参观陶艺制作。

(3) 幼儿欣赏木板年画的制作。

5. 11:30 活动结束,会长清点人数,集体乘车返回。

6. 活动结束后,家长让孩子用语言、绘画等形式,把自己参观的收获和体会说出来、画出来。

活动三　走进福利院

活动地点

潍坊市儿童福利院。

活动时间

5月4日下午。

活动目标

通过参观儿童福利院、与福利院小朋友互动等方式来触动幼儿的心灵,让幼儿学会感恩、感激,充满爱心。

活动组织

组织及分工:家委会。

协调:家委会全体委员。

活动策划:组织委员(负责活动方案的策划,并协助相关现场布置和组织)。

后勤保障:后勤委员(负责交通、餐饮以及应急事件的处理)。

宣传摄像:摄影委员(负责现场横幅制作,全程照相、摄像)。

活动主持:会长,其他部门主要负责人协助。

活动过程

5月4日下午14:15幼儿在幼儿园集合后上车,15:30准时出发至儿童福利院,行车时间约1个多小时。到达后活动包括:院方介绍情况、捐赠物品、联谊活动等,总时间约为1~1.5小时。活动结束后,幼儿排队上车,集体返回。

注意事项

请各位家长仔细阅读以下注意事项:

1. 本活动为免费活动,是家长建议开展的活动,组织者不承担意外发生的责任,这点请参加者理解。

2. 家委会各部门要通力合作,在确保安全的前提下推进活动顺利、有序地开展。

活动四 快乐古城游

活动时间

9月19日(周六)上午。

活动地点

青州古城。

活动人员

中一班全体幼儿、家长(总负责人:中一班家委会会长,分管负责人员:家委会成员)。

活动目标

1. 欣赏秋日的景象,体验户外活动的乐趣。

2. 认识各种古建筑,拓宽视野。

3. 在活动中提高幼儿有序、仁爱的好品格,初步建立幼儿的环境保护意识。

活动准备

1. 活动前:对幼儿进行安全教育、环保教育等。

2. 活动时:家长和幼儿着轻便服装,为幼儿准备足量水,带好签到表、相机。

活动过程

1. 7:20 在幼儿园院内集合(副会长负责签订安全责任书),会长清点幼儿人数并交代本次活动的时间安排及注意事项。

2. 7:40 家长、幼儿排队上车(家长在左,幼儿在右)。

3. 7:50—8:50 乘车途中,准时出发赶往目的地(青州古城)。途中组

织幼儿为家长表演节目,带给家长和幼儿一个快乐的旅程。

4. 8:50—9:00 到达目的地,家长幼儿排队下车,会长清点人数。

5. 9:00—11:00

(1) 在导游的带领下,逛古街,了解景点名称、古城结构,认识古建筑各种不同的房顶构造与名称特点等。

(2) 参观青州古城著名景点——偶园。

(3) 参观清真寺,了解相关知识。

(4) 参观中了解民俗情调。

6. 11:00—11:30 娱乐区休息。

7. 11:30 合影留念,结束活动。

8. 11:40 家长幼儿排队上车、清点人数。乘车返回。

活动五　参观陶瓷博物馆

活动时间

10月19日(周六)上午。

活动地点

潍坊市博物馆。

活动人员

中一班全体幼儿、家长(总负责人:中一班家委会会长,分管负责人员:家委会成员)。

活动目标

感受陶瓷带来的艺术美,近距离接触和体验家乡文化,拓宽视野,丰富社会领域教育。

活动准备

1. 活动前:对幼儿进行安全教育、环保教育等。

2. 活动时:家长和幼儿着轻便服装,为幼儿准备足量水,带好签到表、相机。

活动流程

1. 7:20 在幼儿园院内集合(副会长负责签订安全责任书),会长清点幼儿人数并交代本次活动的时间安排及注意事项。

2. 7:40 家长、幼儿排队上车(家长在左,幼儿在右)。

3. 7:50—8:50 乘车途中,准时出发赶往目的地。途中组织幼儿为家长表演节目,带给家长和幼儿一个快乐的旅程。

4. 8:50—9:00 到达目的地,家长幼儿排队下车,会长清点人数。宣读参观须知:

(1) 禁止带危险物品、食品入馆。

(2) 保持安静,禁止打闹。爱护公物,不得随意摸触展品、易碎品,后果自负。

(3) 保持馆内清洁卫生。

(4) 请家长照顾、保护好自己的孩子。

5. 9:00—9:30 导游引领介绍。

6. 9:30—11:00 自由参观。

7. 11:00—11:30 休息,合影留念,结束活动。

8. 11:40 家长幼儿排队上车、清点人数。乘车返回。

活动六 温暖爱心行

活动时间

12月11日。

活动地点

昌乐敬老院。

活动人员

全体老师、幼儿及家长。

活动准备

1. 幼儿准备节目。

2. 带上为老人准备的水果香蕉,生活用品(油、肉、菜等)。

3. 穿上园服。

活动过程

1. 幼儿积极地陪老人们聊天,听爷爷奶奶讲过去的一些趣闻。

2. 打扫卫生,幼儿分组,有的擦玻璃,有的扫地,有的给老人整理床铺,有的拖地,有的打扫院子。

3. 老人们为幼儿表演节目(拉二胡、舞蹈、大合唱独唱、读书演讲)。

4. 集合,返回幼儿园。在返回的途中,幼儿分享一日所见所闻。

活动中应该注意的细节

1. 全体幼儿在途中不得随意打闹。

2. 见到老人要微笑打招呼,这是对老人的尊重。

3. 清扫房间时一定要将物品放回原处。

4. 不带任何零食。

5. 一定要遵守本次活动的时间及安排,服从指挥,准时到达集合地点。

第二节
社会生活类课程实践之节日活动篇

活动一　清明节活动方案

活动背景

清明节是我国的传统节日,清明来到,万物凋零的寒冬就过去了,风和日丽的春天真正开始了。在清明节期间,组织幼儿进行系列教育活动,目的是让幼儿通过向革命烈士致敬默哀或扫墓等活动追念革命烈士的高贵品质,树立继承先烈遗志,认真学习,长大建设祖国的理想。同时,通过吃鸡蛋、画鸡蛋、玩鸡蛋,了解传统风俗,锻炼身体,充分感受春景的美好。

活动目标

1. 了解清明节的来历,知道清明节的日子及习俗,愿意参与清明节的活动。

2. 初步了解家族中人与人之间的亲属关系,怀念先祖、尊重长辈。

3. 敬仰怀念革命烈士,懂得珍惜今天的幸福生活。

活动准备

活动前准备电脑课件,各种图案的彩蛋,每名幼儿一个熟鸡蛋,彩笔、贴纸、橡皮泥、剪刀、胶水等。

活动过程

1. 用古诗导入活动:清明时节雨纷纷,路上行人欲断魂,借问酒家何处有,牧童遥指杏花村。小朋友,你们知道几月几日是清明节吗?(4月5日清明节)

2. 教师讲述清明节的由来。

3. 教师边播放课件边讲述,让幼儿了解革命烈士的先进事迹。

4. 出示人民英雄纪念碑的课件,同时播放毛主席在建立人民英雄纪念碑奠基典礼上的讲话录音,教师讲述:毛主席为了让后人永远记住、永远怀念这些革命英雄,于1949年9月30日在天安门广场举行建立"人民英雄纪念碑"奠基典礼。

5. 抗洪救灾、抢险救火、保卫国家生命财产中,许多现代英雄也献出了生命。

6. 观看课件:老师带孩子们扫墓的画面。

7. 播放哀乐、人民英雄纪念碑画面,请幼儿起立,向英雄们行礼、默哀,表示怀念。

8. 提问幼儿:清明节有哪些习俗?

运动习俗:踏青、荡秋千、打马球、放风筝、蹴鞠、插柳等。

饮食习俗:吃冷食、吃鸡蛋等。

9. 出示彩蛋,请幼儿观察与自己带来的鸡蛋有什么不同?用什么制作的?

10. 播放彩蛋图片,引发幼儿的好奇心及制作兴趣。

11. 幼儿制作彩蛋(方法形式不限,可以采用画画、涂色、剪纸粘贴、橡皮泥制作)。

12. 幼儿到台前展示自己的作品,并用完整的语言讲述自己的作品。

13. 玩鸡蛋:请幼儿发挥想象力用鸡蛋尝试多种玩法(滚、转、抛、立、碰鸡蛋等),幼儿比赛看谁的玩法多。

14. 请幼儿把彩蛋给其他班的小朋友欣赏并与朋友们一起玩。

活动二 我的六一我做主

活动背景

一年一度的儿童节是幼儿最隆重的一个节日,今年,我园的"六一"儿

童节将在去年多彩的"六一"系列活动的基础上,进行延伸,仍以系列活动的形式进行。

活动安排

1. 活动时间：6月1日。
2. 活动地点：幼儿园。
3. 活动人员：幼儿园全体幼儿、家长、教师。

活动目标

通过开展庆祝"六一"系列活动,使幼儿在积极的参与中体验合作与交往的快乐,从而度过一个幸福、难忘的"六一"儿童节。让家长在参观与参与幼儿的庆祝活动中,进一步感悟幼儿教育的理念,对如何教育孩子有所启发,通过向家长、社会展示幼儿园的"六一"活动进一步塑造本园的良好形象。

活动倡议

目的：为了使幼儿能度过一个愉快难忘而有意义的"六一"儿童节,倡议本园全体教师和家长积极为幼儿创设欢度"六一"儿童节的节日环境与氛围,共同鼓励幼儿积极参与"六一"儿童节的各项活动。

办法：通过幼儿园家园栏、展板、网络等向每个家长发送倡议书,引起家长的重视,争取全体家长对此次活动的配合与支持。

活动过程

上午："跳蚤市场"旧物交换。

下午："小鬼当家"室内区域大串游。

附：活动方案

"跳蚤市场"旧物交换

活动背景

跳蚤市场是欧美西方国家对旧货地摊市场的别称。由一个个地摊摊

位组成,市场规模大小不等。出售商品多是旧货、人们多余的物品及未曾用过但已过时的衣物等,小到衣服上的小装饰物、孩子用过的玩具,大到完整的旧汽车、电视机、洗衣机,一应俱全,应有尽有。交易者通常都不是专门的商人,但讨价还价的过程却让人历练了与形形色色的人交往、沟通的能力,既获得了物美价廉的物品,又培养了理财的能力,而且过程中,乐趣无穷,让人流连忘返。

活动时间

6月1日上午8:00。

活动地点

幼儿园院内。

活动人员

幼儿园小、中、大班组全体幼儿、家长、老师。

活动意图

每个家里都有很多"宝贝",可随着孩子的成长也有很多被闲置高阁,爱心跳蚤市场给孩子一个机会,既锻炼他经营的能力,又锻炼他分享交换的意识。

活动目标

1. 了解举办跳蚤市场的意义,愿意将自己的旧物品与同伴分享、交换,懂得爱惜物品,珍惜资源,废旧物品再利用。

2. 体验环保乐趣的同时,培养语言表达力和计算能力、社交能力,学会礼貌交往。

3. 会分类放置、挑选物品,学习设计商品海报和促销语,主动展示自己的物品。

活动须知

1. 摊位品种:玩具、图书、卡通音像、学习用品等。

凡参加活动的幼儿自带家中闲置物品(七八成新的玩具、图书、毛绒玩具、文具、贴画等物品)。

2. 上午 8:00 在各班指定场所内集合,进行摊位布置工作。

3. 各家庭创设特色摊位、特色创意叫卖方法(幼儿可手工制作小喇叭叫卖)、特色招牌、广告宣传语等。

"跳蚤市场"守则

1. 根据实际情况给商品标价,贴在商品上,以便幼儿观看,如:1 元、5 元、10 元、20 元等。

2. 家长引导幼儿认识人民币,每件物品必须明码标价,买卖双方可以在此基础上讨价还价。

3. 交易双方须注意文明礼仪,注意安全,不得发生拥挤等现象。

4. 本市场不得出售贴身衣服或食品等,严禁交易不健康的成人书籍或光盘等。

5. 成交价格须公平合理,严禁欺诈行为。

6. 交易必须建立在双方自愿的基础上,不得强买强卖。

7. 维护场地秩序,必须在本班摊位交易,禁止游走叫卖。

8. 各班必须维护场地卫生,由市场管理员监督管理。

9. 买卖过程由幼儿自行决定,家长只作顾问,不得直接参与。

10. 购买过程中需要幼儿自己检查玩具是否有缺损,一经交易成功,不得反悔。

活动准备

1. 海报预告。

2. 各班级制作好本班级的摊位牌。

3. 提前跟幼儿和家长做好宣传工作,将家里有利用价值、干净卫生的旧玩具、图书、毛绒玩具、文具、贴画等物品整理出来。义卖物品要求质量完好,必须保持七八成新。义卖物品要健康、卫生、安全,每件物品价格由家长和幼儿共同商量标在物品上。

4. 请家长和幼儿制作好宣传海报和促销语,做好宣传准备。

5. 每个家庭自带 80 厘米×80 厘米的垫布一块,板凳。

6. 家长自备零用钱(如：5角、1元、5元)。

7. 人员安排：一位老师负责主持活动开幕。班主任做市场管理员，各级部找一位负责摄影的家长义工。

8. 每个幼儿带3～5种物品(玩具或图书均可)。

9. 横幅。

10. 事先进行安全教育,提醒幼儿交易时要有序、谦让,注意礼仪、文明。

活动流程

1. 7:40—8:20 教师将本班摊位牌摆放在本班活动区域,然后接待幼儿及家长来园,幼儿及家长来到后教师引导其在本班区域内设置自己的摊位,摆好自己的宣传标语。幼儿发挥自己的才能,把自己的摊位布置得与众不同。

2. 8:20—8:30 主持人进行市场开业讲话,讲解市场规则和买卖要求,保持市场整洁有序。

3. 8:30 买卖开始。

(1) 8:30—9:10 小一班、中一班、大一班幼儿家庭作为买方主动去购买其他班级幼儿的物品,9:10主持人宣布第一阶段买卖结束,请幼儿回到自己的摊位。

(2) 9:20—10:00 小二班、中二班、大二班幼儿家庭作为买方主动去购买其他班级幼儿的物品。10:10主持人宣布第二阶段买卖结束,请幼儿回到自己的摊位。

(3) 10:10—10:50 小三班、小四班、中三班、大三班幼儿家庭作为买方主动去购买其他班级幼儿的物品。

4. 10:50 主持人宣布买卖活动结束。

5. 家委会引导各班家长清理现场卫生。

6. 幼儿排好队伍回教室,与同伴交流换到的东西。

7. 家长整理完后离园。

"小鬼当家"室内区域大串游

活动背景

游戏是儿童的天性。"六一"儿童节将至,本着"把节日还给孩子,让孩子快乐自主过六一"的教育理念,顺应儿童天性,让幼儿寓教育于游戏之中,在游戏中学习,在快乐中发展,真正做到让幼儿享受"我的节日我做主"的快乐。

活动时间

6月1日下午。

活动地点

各班级区域。

活动人员

全体幼儿。

活动主题

全园大联动,区域半日游。

活动目标

1. 主动参与"六一"儿童节活动,体验"我的节日我做主"的主人公自豪感。

2. 积极参与自己喜欢的区域活动,大胆展示自己,并感受节日的快乐。

活动过程

一、活动安排

1. 在前一周周五,教师可通过带领幼儿到其他平行班级参观、图片观看、讲解等方式让本班幼儿对其他班级的区域有一定的了解和认识,然后幼儿按照自己的意愿提前选择好活动班级及区域,每个活动区的幼儿有一定数量限制。每班教师做好交接记录,各班承办本班区域活动,班主任为主要负责人。

2.6月1日下午由原班级教师负责指导幼儿活动,小班幼儿需教师带领、组织活动。

3.班级区域共享只在平行班级间开展。

4.在游戏过程中幼儿只能更换所在班级的区域活动,不得更换活动室或班级。

二、活动时间及程序安排

14:30—14:50　幼儿自主选择区域。

14:50—15:00　分组到达各个班级。

15:00—15:20　教师介绍本班区域。

15:20—16:20　幼儿自由区域活动。

16:20—16:40　整理区角。

16:40—17:00　回自己班级并分享。

活动三　教师节活动方案

活动背景

有人说老师是红烛,有人说老师是春蚕。老师默默地在自己的岗位上耕耘,无私地奉献着自己,他们用自己的谆谆教诲为孩子们指明前路,用自己辛勤的汗水浇灌出孩子们灿烂的明天,他们是一群可敬可爱的人。尊师重教是我国的传统美德,为发扬尊师重教的优良传统,在教师节来临之际,结合节日教育,开展"老师,节日快乐"主题教育活动,有着重要意义。

前期各班布置与节日有关的主题墙饰和节日环境,开展教师节主题教育活动,内容涉及语言、社会、美术、音乐、数学等领域;在教师节当天,以班级为单位,开展让幼儿说说、唱唱、画画、做做的形式,慰问老师并向老师献祝福等。引导幼儿知道教师节,了解教师工作的辛苦和意义,培养幼儿尊师爱师、感恩师爱的情感和美德。

这些活动可以帮助幼儿丰富以下经验:

1. 每年的9月10日是教师节,是老师的节日。
2. 老师非常关爱小朋友们,为小朋友的成长付出了辛勤的劳动,我们应该尊敬老师。
3. 小朋友们可以用不同的方式,向老师表达自己的爱与敬意。
4. 了解教师节相关的知识和信息。

活动目标

小班:

1. 知道教师节是老师们的节日,认识教师的角色,初步了解老师的工作。
2. 愉快地参与教师节的活动,产生喜爱老师的情感。

中班:

1. 知道9月10日是教师节,是老师们的节日,了解教师节的由来、教师工作的意义。
2. 初步尝试用语言、绘画、歌曲等不同的形式表达自己对老师的爱戴。
3. 感受活动带来的快乐,增进爱老师的情感。

大班:

1. 知道每年的9月10日是教师节,了解教师工作与自己的关系及教师工作的辛苦和意义。
2. 能大胆地想象和创造,用自己的行动和方式去表达对老师的爱和敬意。
3. 懂得知恩感恩,尊重教师,与老师共享节日快乐。

活动准备

1. 布置教师节的主题墙饰和节日环境。
2. 布置活动场地,制作并悬挂横幅"老师,节日快乐"。
3. 提前张贴海报,宣传本次活动。
4. 建议中大班幼儿的家长引导幼儿倾听有关教师的故事、散文和歌曲等,了解国内教师节的庆祝活动。

活动案例

小班语言活动——老师,您真好

活动目标

1. 知道教师节是老师们的节日,初步了解老师的工作。

2. 能向老师展示所学的本领,和老师抱一抱、亲一亲,问声节日好,回报老师的付出。

3. 初步产生喜欢老师、爱老师的情感。

活动准备

幼儿最近在幼儿园学习、生活的录像片段或照片剪辑。

活动过程

一、谈话导入,引起幼儿活动的愿望

师:今天,我带来了一段好看的视频,请小朋友们看看这里面有谁?他们在干什么?

二、幼儿观看最近在幼儿园学习、生活的视频,了解老师的工作

1. 幼儿观看视频。

2. 教师提问。

师:录像里有谁?老师们在做什么?老师教你学会了哪些本领?

三、幼儿展示自己跟老师所学的本领

师:谁能把这些本领表演给大家看呢?(幼儿展示所学的本领)

四、介绍教师节

师:宝宝们跟老师学了这么多的本领,老师好吗?你喜欢老师吗?(教师向幼儿介绍今天是教师节,是老师们的节日。)

五、幼儿和老师抱一抱、亲一亲,向老师问声节日好

中班绘画活动——我亲爱的老师

活动目标

1. 知道9月10日是教师节,是老师们的节日。

2. 学习画出人物脸部的特征。

3. 激发热爱老师的情感。

活动准备

铅画纸、彩笔、轻音乐。

活动过程

一、导入

1. 通过谈话，让幼儿知道今天是教师节。

师：今天是9月10日，小朋友们知道是什么节日吗？这是谁的节日呀？

2. 幼儿向班级老师问候节日好。

请出班上的老师，引导幼儿向老师们问候节日好。

二、让幼儿了解教师节

教师向幼儿讲述教师节的由来和意义。

师：老师教小朋友们学本领很辛苦，小朋友想怎样表达你对老师的爱呢？

三、观察我的老师

1. 请幼儿观察老师并进行描述。

师：请小朋友看看我们班的老师长得什么样子？

引导幼儿分别观察老师的脸形、头发、眼睛、鼻子、耳朵、嘴巴。

2. 教师提问。

师：老师都是什么脸形？圆圆的还是瓜子脸？老师的头发是什么样子的？长的还是短的？直发还是卷发？老师的眼睛是怎样的？大大圆圆的还是细细弯弯的？老师的鼻子是什么样的？耳朵是什么样的？嘴巴又是怎样的？

四、幼儿给老师画幅画

1. 教师示范讲解画法，引导幼儿把老师的脸部基本特征画出来。

2. 幼儿在音乐中画出自己喜爱的老师。

教师提出绘画注意事项和要求。幼儿绘画,教师观察指导。

五、幼儿给老师送上教师节的礼物

1. 幼儿说说自己画的是哪个老师,请同伴评价。

2. 幼儿将自己画的老师的画像送给相对应的老师,并向老师们说一句:"老师,祝您节日快乐!"

大班制作活动——老师,谢谢您

活动目标

1. 知道每年的9月10日是教师节,了解教师工作与自己的关系及教师节的意义。

2. 能运用已有的美术经验,创造性地制作谢师卡,向老师表达感激之情。

活动准备

卡纸、油画棒、水彩笔、贴画、剪刀、印章、毛根、胶水及双面胶。

活动过程

一、情景导入

1. 参观"幼儿园的老师"照片展。

师:照片上是谁?你认识她吗?她是哪个班的什么老师?她们工作辛苦吗?老师这样工作是为了谁?(幼儿互相交流)

2. 引出教师节话题,了解教师节的由来,讨论如何向老师表达自己的谢意。

师:今天是什么节日?每年的几月几日是教师节?

教师介绍教师节的由来。引导幼儿讨论如何向老师表达自己的问候和谢意。

二、"小小贺卡"

1. 出示材料,引导幼儿制作谢师卡。

师:儿童节是我们小朋友们的节日,教师节是我们可爱的老师的节日,小朋友们可以自己制作漂亮的卡片送给老师,祝福老师节日快乐。

教师出示卡纸、油画棒、水彩笔、贴画、剪刀等制作材料,引导幼儿按自己的想法,或画画或剪贴图案或用印章和毛根装饰,制作谢师卡。

2. 幼儿集体制作。

师:小朋友们仔细想一想你要给老师画什么样的卡片,我们比比看谁画得最漂亮。

幼儿按自己的意愿,创造性地制作谢师卡。教师予以适当的协助和指导,并提醒幼儿保持桌面与地面干净。

三、"感动的祝福"

教师根据幼儿所说,帮助幼儿写上一句表达感谢的话和祝福语。

四、"您辛苦了"

幼儿分别向全园老师赠送谢师卡。

教师引导幼儿在送给老师贺卡时对老师说:"老师,您辛苦了!""老师,我爱你!""老师,祝永远年轻!""老师,祝您节日快乐!"

五、大班幼儿也可一起画一幅有关"教师节"的长卷画

表9 主题活动环境创设

年龄段	班 级 环 境
小班	1. 主题墙饰:将老师平时辛勤劳动、关爱小朋友的照片,布置成主题墙饰"我的好老师" 2. 在教室中悬挂吊饰、拉花,营造节日氛围
中班	1. 主题墙饰:师幼共同布置"老师,辛苦了"主题墙饰 2. 区角活动:收集有关教师节的图片资料布置在社会区域活动墙上,供幼儿游戏活动时了解有关教师节的知识 3. 家长园地:在家长园地中贴出本主题活动的构想和所需配合的事项
大班	1. 主题墙饰:布置"老师,我爱你"主题墙饰 2. 美工区:在美工区提供皱纹纸、彩色纸、剪刀、糨糊、彩笔、压花机等,供幼儿游戏时制作送给老师的礼物 3. 师幼共同绘画、制作,布置节日环境

活动小结

　　幼儿园教师是孩子们求学道路上的启蒙者,在幼儿园培养幼儿尊师

重教的意识,对于幼儿今后的发展具有重大意义。在设计教师节系列活动时,我们的最终目标是让幼儿们从内心深处理解和敬爱老师,所以活动都侧重情感目标的达成。而大班幼儿无论是情感表达还是手工技能都已经比较成熟,故此着重策划了大班幼儿的谢师活动。

1. 照片展引发尊师情。

大班活动"老师,谢谢你"是由幼儿园全体教师的照片展开始的,在照片展上孩子们都十分开心地指着自己认识的老师向小伙伴们介绍,互相认识各自的老师。大班幼儿与自己班的老师已经相处两年多了,师幼之间已经有了比较深厚的情感基础,在教师有意的引导下很容易就引发幼儿的节日情感。在活动中孩子们通过与小伙伴交流自己认识的老师,初步感受到教师在自己的成长中所扮演的角色意义,进而转移到对教师的尊敬之情。

2. 用"心"去表达爱。

活动中,不仅让幼儿了解了教师节的起源和意义,还设计了一个环节让幼儿相互交流如何向老师表达自己的谢意。通过这个环节,使幼儿对教师的情感不仅仅停留在节日的教育层面上,而是让幼儿从内心去感受表达的意义:因为老师为我们付出了许多,给予我们无私的爱,所以我们才要感谢和回馈老师的爱。让幼儿因为懂得爱所以去爱,而不是应该爱才去爱。

3. 学会将"爱"放大。

俗话说礼轻情意重,幼儿能表达爱的方式有限,因此让幼儿发挥自己的本领为老师制作谢师卡,对于幼儿来说不仅锻炼了动手能力、创造力,同时也教给幼儿一种爱的表达方式;对于老师来说,这是对老师们无私付出的最好回报。为了让爱得到升华,我们让幼儿不仅要给自己班的老师送谢师卡,而且还要给幼儿园其他老师送,让幼儿对教师的爱向一个更为广阔的层面上扩展,学会去感恩一切帮助过自己的人,这也是对所有我园教师的一次情感回报。

活动四　重阳节活动方案

活动背景

农历九月初九是我国的重阳节,重阳节又叫"老人节"。尊老、敬老是中华民族的传统美德,所以结合重阳节开展关于"尊老、敬老"为目的主题活动是非常必要的。重阳节不仅是登高、赏菊、吃重阳糕,更是在传递一种信息:老年人更需要爱、需要健康、快乐。他们需要的也许并不是你的钱物、礼物,而是你一声深情的问候……创建一个爱老敬老养老助老的氛围,需要全社会的参与。儿童是祖国的未来,为了更好地从小培养他们尊老爱老的优良品质,幼儿园在重阳节请幼儿的爷爷奶奶(外公外婆)到我们幼儿园一起和幼儿度过一个温馨的重阳节,从而培养幼儿尊敬老人的好品质,愿意为老人做一些力所能及的事情,用自己的方式表达对老人的关心和爱护。

通过这些活动,可以帮助幼儿丰富以下经验:

1. 农历九月初九是我国的重阳节,又叫"老人节"。
2. 爷爷奶奶(外公外婆)非常关心小朋友,我们也应该尊敬爷爷奶奶(外公外婆)。
3. 每个小朋友对爷爷奶奶(外公外婆)表达爱意的方式是不同的,我们可以为爷爷奶奶(外公外婆)做一些力所能及的事。
4. 重阳节有许多美妙的传说、故事和诗词。

活动目标

1. 简单了解重阳节的来历,以及重阳节的一些风俗习惯。
2. 知道要尊敬老人,愿意为老人献爱心。
3. 体验社区活动,锻炼社会交往能力和口语表达能力。

活动目标

小班:

1. 知道重阳节是爷爷奶奶等老人的节日,体验他们对自己的爱,激

发尊敬他们的情感。

2. 在与爷爷奶奶(外公外婆)一起游戏、活动的过程中,感受相互关爱的温暖和快乐。

具体活动:学说一句祝福的话,学一个感恩的儿歌。

中班:

1. 知道重阳节是我国的传统节日,是老人的节日,初步了解重阳节的风俗习惯。

2. 乐意参与重阳节的相关活动,尝试用自己的方式表达对老人们的关心和节日的问候。

3. 了解爷爷奶奶(外公外婆)对自己的爱,激发关爱老人的情感。

具体活动:自制一件手工作品,写上祝福的话语。

大班:

1. 通过调查、交流等活动,了解重阳节的来历和一些相关的风俗习惯。

2. 积极参与敬老活动,大胆运用自己喜欢的方式向老人们表达自己的关爱与尊敬之情。

3. 在访问、对话中感受老人也需要关心和帮助,进一步激发关爱老人的情感。

活动准备

1. 收集"我和爷爷奶奶(外公外婆)在一起"的照片布置教室。

2. 和爷爷奶奶(外公外婆)说句悄悄话。

3. 制作送给爷爷奶奶(外公外婆)的礼物,准备橘子。

4. 家长园地:请家长配合,鼓励幼儿在家里帮爷爷奶奶(外公外婆)做力所能及的事情,培养关爱老人的情感。

5. 学习歌曲《给爷爷奶奶敲敲背、捶捶腿》《关心老人笑哈哈》。

6. 学习儿歌《奶奶夸我孝顺儿》。

活动过程

一、爷爷奶奶(外公外婆)欢迎您

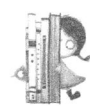

1. 看看今天教室里来了谁,谁愿意来给我们介绍一下。

2. 为什么要请来这些爷爷奶奶(外公外婆)?

3. 教师给孩子们介绍重阳节。为爷爷奶奶(外公外婆)庆祝节日,全体幼儿齐祝爷爷奶奶(外公外婆)节日快乐。

二、介绍我的爷爷奶奶(外公外婆)

1. 今天你们家谁参加我们的重阳节活动,请小朋友们把他(她)介绍给大家。

2. 你喜欢他吗?为什么喜欢?他给家里做了些什么事情?

3. 教师总结:爷爷奶奶(外公外婆)辛苦了一辈子,先把我们的爸爸妈妈养大,现在还要照顾我们,每天为我们做很多事情。

三、为爷爷奶奶(外公外婆)做件事情

1. 请我们的小朋友们想一想,我们可以为爷爷奶奶(外公外婆)做件什么事情?

2. 请小朋友来示范怎样给爷爷奶奶(外公外婆)敲敲背。

3. 今天过节,说说你准备给爷爷奶奶(外公外婆)送什么礼物?送礼物的时候你准备说一句什么话?

4. 老师和小朋友一起唱歌曲《给爷爷奶奶敲敲背、捶捶腿》《关心老人笑哈哈》。

5. 老师亲亲宝宝,宝宝亲亲爷爷奶奶(外公外婆)。

6. 玩游戏"小脚踩大脚""击鼓传花",食物分享活动,幼儿剥橘子给爷爷奶奶(外公外婆)吃。

7. 给爷爷奶奶(外公外婆)送上自己的礼物。

8. 教师总结:爷爷奶奶(外公外婆)辛苦了一辈子,他们年纪大了,我们小朋友要听他们的话,为他们做一些力所能及的事情,给他们捶捶腿,敲敲背,做个懂事的好宝宝。

9. 全体唱《感恩的心》,结束活动。

第三节
社会生活类实践课程之环保篇

活动一 美丽绿丝带

活动时间

4月7日—4月13日。

活动地点

中百超市、农贸城。

活动人员

组成义务宣传小队。

活动形式

深入菜场、商场。倡议大家使用美丽生活布袋,减少塑料袋的使用。发放绿丝带,绿丝带可以系在手臂上,也可系在人们的包上、菜篮子上。并请市民在留言册上留言、签名纪念。

活动内容

1. 派发宣传单(环保小知识、塑料制品的危害)。

2. 推荐"美丽生活袋"的样子(10个)。

3. 倡议市民加入"美丽绿丝带"使用的队伍。

4. 赠送"美丽绿丝带"(绿丝带收集,每班50条,规格30厘米长)。

5. 请市民在留言册上签名留言。

6. 制作"环保海报"(42张)。

活动过程

此次活动分三个阶段。

第一阶段：启动仪式。邀请家长朋友参加，制作横幅。

1. 宣读倡议书。

2. 各班制作一张1米×1米的"环保海报"42张。收集30厘米长的绿丝带，每班50条。

3. 家长与幼儿代表上台牵手，接受队员的"绿丝带"。

4. 家长欣赏班级宣传海报。

第二阶段：为期三天，在幼儿园大门口向路人，赠送"绿丝带"。呼吁并倡议更多的人加入环保的行列中来，让环保的队伍壮大起来。每天7：30—8：00，由10对佩带"机关幼儿园绿色小天使"丝带的家长和孩子免费发放。制作10条绶带：绿色的底，白色的字。

第三阶段：为期一天。幼儿园由家长和孩子组成10个宣传小队。

活动二 环保时装秀

活动时间

5月27日。

活动地点

幼儿园。

活动人员

中二班小朋友，昌明社区。

活动目标

1. 注重参加活动的过程，从而提高环保意识，增强每一个人都"珍惜可利用资源，保护环境，创造和谐社会"，能有争当环保小卫士的决心。

2. 利用各种废旧材料设计制作款式各异的表演服装。提高动手操作能力及参与表演的兴趣。

活动准备

1. 挂历纸、塑料袋、蜡光纸、皱纸等其他废旧物品。

2. 双面胶、剪刀、固体胶。

3. 图片。

活动过程

1. 幼儿了解活动的材料及操作要点。

2. 家长协助幼儿制作表演服。

3. 听音乐,幼儿穿戴自制的环保衣表演。

活动三　低碳生活　绿色出行

活动时间

5月21日上午8:30。

活动人员

24名幼儿及其家长。

活动路线

县府广场—方山路—利民街—宝昌路—西湖公园。

活动目标

1. 了解人们日常出行的方式。

2. 观察了解摩托车、汽车给环境带来的危害,养成科学的生活态度。

3. 萌发热爱大自然、保护大自然的情感。

活动准备

发动材料、小纸条、活动计划、环保宣传旗、扩音器、签到表、水及少量食物、安全责任书、相机、小旗子。

活动过程

1. 8:30于昌乐县府广场集合,家长签到,清点人数。

2. 会长讲解本次活动的意义、注意事项及活动路线。

随着人们生活水平的提高,幼儿园家长接送孩子的交通工具正在发

生着悄然的变化,首先是摩托车取代自行车,而后汽车又在逐步取代摩托车。然而家长和孩子在享受着物质文明带来的好处时,却很少考虑给环境带来的危害,更多的是一种自豪和炫耀。于是以与幼儿生活密切联系的衣食住行为活动内容,鼓励健康环保、回归低碳的生活方式,特举办"机关中一班,环保节能低碳"活动。

活动过程中的安全隐患及注意事项:

(1)每个家长必须做好幼儿安全保护措施,确保孩子在自行车上安全牢固。

(2)每组带队队长要尽职尽责,且在过马路时要保证本组成员全部通过时方可前行。

(3)仅限自行车参与本次活动。

3.分组插好旗子,并合影留念。

4.西湖公园门口集合,并由会长进一步讲解本次活动的意义,让孩子和家长谈一谈本次活动的体会及感受。

5.西湖公园环保小卫士——捡垃圾,于西湖公园某一地点集合且由会长总结。

6.亲子游戏。

(1)钻山洞(进一步拉近家长与孩子之间的亲情)。

(2)抬花轿。家长和孩子分别站成两队,家长在A点,孩子在B点,两位家长为一组,将孩子抬到A点为准,以此拉近彼此之间的关系。

7.活动结束。

活动反思

在家委会以及全体家长的支持和配合下,顺利圆满地完成了本次活动。中一班的家长和孩子们都准时到达了集合地点——昌乐县府广场,保证了活动的按时进行,这离不开每一个家长的团体意识。

通过这次活动增进了幼儿之间的交流,体验同伴在一起的快乐,开拓幼儿的眼界,领略大自然的美好和神奇,增强幼儿的体质,锻炼幼儿的

意志。

通过亲子游戏,培养幼儿对运动的兴趣,发展综合活动技能,增进亲子感情。

今后要开展更多这样的活动,充分利用家庭教育的资源,家园齐心协力,共同打造孩子的美好明天!

活动四 变废为宝小巧手制作比赛

活动背景

为了增强幼儿的动手能力和创造能力,加强幼儿的环保意识,切身感受保护环境从小事做起,从身边做起,幼儿园将开展"变废为宝"小巧手制作比赛。

本次活动不限制主题,利用平时废弃不用的物品制作出各种创意作品。

活动时间

1. 准备时间:12月份第一周。

2. 评比时间:12月份第二周。

活动对象

全体幼儿及家长。

活动宗旨

通过活动培养幼儿的想象力、创造力及动手能力,增强幼儿的创新能力,培养幼儿爱动脑的好习惯,增进幼儿与家长的情感,体验亲子间的乐趣,培养幼儿对手工活动的兴趣及环保意识。

活动规则

利用各种废弃的物品,如易拉罐、报纸、各种纸盒等制作创意作品。作品完成后贴上标签并写上作品的名称、班级、姓名及作品说明。

活动要求

1. 作品主题鲜明。

2. 作品的材料必须是使用过的,不能花钱购买。

3. 制作作品的废品必须清洗干净、卫生。

4. 作品要求美观、大方,可操作并且实用性强。

5. 制作过程中必须有幼儿动手参与的痕迹,如果没有,则取消参赛资格(大班幼儿动手超过80%;中班幼儿动手超过50%;小班幼儿动手超过30%)。

评奖方法

本次活动根据收集作品数量评出一、二、三等奖以及优秀奖,评选后将展示并颁发获奖证书。

第四章
家园共育课程实践之三
——自我成长类

第四章 家园共育课程实践之三——自我成长类

表10 家园共育——自我成长类课程安排

类别	幼小衔接	未来职业	角色体验
内容	（一）"走进小学" 目标： 1. 初步了解小学的环境设施，了解小学生学习和生活的主要内容，减少对小学的陌生感，萌发上学的愿望 2. 能大胆地访问小学老师和小学生，并能用绘画、语言等方式表达自己的所见所想 （二）"小学生走进幼儿园" 目标： 1. 了解和发现小学和幼儿园的不同之处，了解小学生的学习和生活常规 2. 积极向往小学生活，萌发要做一名小学生的自豪感	（一）"建设未来的房子" 目标： 1. 发挥想象力和创造力，能够大胆地设计未来的房子 2. 提升整体构图的能力 3. 体验亲子共同制作的乐趣 （二）"我是小小设计师" 目标： 1. 能发挥自己的想象，设计出不同功能、样式、作用的鞋子 2. 乐意参与制作活动，并感受亲子制作的喜悦 （三）"我的未来梦" 目标： 1. 了解亲人以及与自己生活有关的各行各业的人的工作 2. 培养对劳动者的热爱和对劳动成果的尊重 3. 在快乐的体验中懂得劳动者的艰辛，劳动果实来之不易 （四）家长进课堂（邀请特殊职业的家长来园） 目标： 1. 认识一些常见的职业，了解从事不同职业家长的工作特点 2. 拉近幼儿园与家庭的距离，有效地利用家长资源，开阔幼儿的眼界，拓宽幼儿的思维 3. 学习安全自我防护、日常健康常识等方面的知识	（一）"汉堡DIY" 目标： 1. 体验动手制作汉堡的乐趣，增进亲子之间的感情 2. 懂得感恩，大胆尝试用不同的方式表达对家人的爱 （二）"跳蚤市场" 目标： 1. 了解跳蚤市场的意义，愿意将自己的旧物品与同伴分享、交换，懂得爱惜物品，珍惜资源，能够废旧物品再利用 2. 体验环保乐趣的同时，培养语言表达能力和计算能力、社交能力，学会礼貌交往 3. 会分类放置、挑选物品，学习设计商品海报和促销语，主动展示自己的物品 （三）"提拉米苏DIY" 目标： 1. 亲子制作蛋糕，表达对父亲的爱 2. 培养动手操作、获得创意，体验制作的快乐

第一节
自我成长类课程实践之幼小衔接篇

活动一 大班幼儿参观小学

活动背景

随着大班最后一学期的来临,孩子们也越来越临近小学的生活,但是对于孩子们来说,小学生活还很陌生。在小学里要做些什么?小学上课是什么样子的?对于这些问题,孩子们都想一一找到答案。于是我们通过开展"参观小学"的活动,让孩子们能够初步了解小学生的学习和生活。

活动时间

5月20日。

活动地点

昌乐县西湖小学。

活动人员

大班全体幼儿,班内教师。

活动目标

1. 初步了解小学的环境设施,了解小学生学习和生活的主要内容,减少对小学的陌生感,萌发上学的愿望。

2. 能大胆地访问小学老师和小学生,并能用绘画、语言等方式表达自己的所见所想。

活动准备

1. 事先与西湖小学联系好参观事宜。

2. 观看教学资源《走进小学》,对小学有初步印象。

3. 事先请家长帮助把幼儿提出的有关小学的问题记录下来。

> 活动过程

一、谈话导入,激发幼儿参观小学的愿望

再过几个月,我们就要从幼儿园毕业了,我们要到哪里上学呢?小学是怎样的?(幼儿自由讲述自己对小学的认识)你们想参观小学吗?

二、教师向幼儿介绍活动的内容,提出参观要求

1. 在路途中不打闹、不追逐。

2. 注意公共卫生,不随地吐痰不乱投垃圾。

3. 参观活动时不要拥挤,进入小学后要保持安静,不能大声喧哗,以免影响哥哥姐姐上课。

4. 使用礼貌用语,遇到小学老师要问好。

三、参观小学,初步了解小学的环境设施、作息时间、活动内容等与幼儿园的不同

1. 看校牌,知道小学的校名。

2. 参观校园,了解各场所的用途。

请幼儿观察:小学生的教室里有些什么?课桌椅是怎样放的?小学生带什么物品。(看小学生的书包里都装了些什么)男生、女生的厕所是怎样的?

3. 观看升旗仪式。

4. 看学生上课之前教师请幼儿观察:

(1) 上课铃声响了代表什么?小学生是怎么样做课前准备的?学习用品怎样放置?

(2) 观察小学生的坐姿。

(3) 老师提问后,小学生是怎样举手发言的?又是如何注意听讲的?

(4) 小学生在下课时间里做些什么?

四、观察小学与幼儿园的不同点

校舍：几层楼,大小,楼梯高度、宽度,每一层教室有不同年级。

教室：物品(桌子、椅子、黑板摆放、上面的内容)桌椅的测量与比较。

走廊：宽度、上下楼梯礼仪。

厕所：男女厕所在哪里？怎样区别？

五、与小学的互动

1. 采访老师(幼儿)。

2. 跟着小学生上一节课。

3. 观察小学生的下课10分钟。

4. 与小学生交流谈话。

六、回园后组织幼儿谈话

1. 请幼儿结合自己的小本子的记录,自由发言。

2. 按照参观顺序回忆所看到的场景,说一说小学和幼儿园的不同。

3. 引导幼儿讨论在前面"好担心"教育活动中涉及的担心的问题是否解决,用什么办法能解决这些问题。

活动二　小学老师走进幼儿园

活动时间

6月20日星期三上午。

活动内容

走进昌乐县府机关幼儿园,讲解小学生生活。

活动人员

大一班崔杰慧爸爸,大一班全体幼儿、教师。

活动准备

事先联系崔杰慧爸爸谈妥有关事项。

活动地点

昌乐县府机关幼儿园大一班。

活动目标

1. 了解和发现小学和幼儿园的不同之处,了解小学生的学习和生活常规。

2. 向往小学生活,萌发要做一名小学生的自豪感。

活动过程

1. 讲解一年级的小学生是怎样上课的,让幼儿对小学生该怎样学习有所了解,激发幼儿进入小学的愿望。

2. 假如你已经是一名优秀的一年级小学生,你会怎样做?

采用情景问答式引导幼儿了解小学生的生活常规。

第二节
自我成长类课程实践之职业体验篇

活动一 未来的房子

活动背景

社会在不断发展,我们身旁的建筑也在不断变化,尤其是最近几年我们身边的高层建筑以及独具特色的建筑物拔地而起。孩子们看到身边建筑的变化后,都非常欣喜。根据这一情况,我们设计了这次活动,让孩子和家长将自己设计的未来的房子大胆地画出来。

活动目标

1. 发挥想象力和创造力,能够大胆地设计未来的房子。
2. 提升整体构图的能力。
3. 体验亲子共同制作的乐趣。

活动准备

1. 收集几幅现代化建筑的图片和小朋友自己画的"未来的房子"的图片。
2. 人手一盒彩笔、一张白纸、一把小剪刀。
3. 膏盒、药盒等若干,透明胶带若干。

活动过程

1. 引入课题。

(1) 今天老师给大家带来了几幅图片,家长小朋友仔细看。看课件:现代化建筑的图片。

教师分别出示六幅具有代表性的建筑：超市、酒店、教堂、学校、宾馆、办公大楼。

（2）提问：刚才小朋友们看到了什么？它们是一些什么样的房子？它们的外形一样吗？找几名幼儿分别对出示的图片进行讲解和说明。

如这些建筑的明显特征：窗户有的是正方形的，有的是长方形的，有的是圆形的，有的是三角形的，等等。

2.小结：咱们刚才看到的是现代化的建筑，小朋友们想一想，等你们长大了以后，未来的房子会是什么样子的呢？你想把房子设计成什么样子的？你长大以后想住什么样的房子？会在哪个地方住？看谁想得最独特？说不定你长大以后会住在你自己设计的房子里。

3.请家长和幼儿介绍自己的作品。

活动二　我是小小设计师

活动目标

1.能发挥想象力，设计不同功能的鞋子。

2.乐意参与制作活动，感受亲子制作的喜悦。

活动过程

一、开始部分

利用课件，故事导入："小朋友，今天我们来到了森林里，你们看谁来了？这些小动物可爱美了，每人都买了一双鞋子，可是它们一不小心将鞋子混在了一起，我们赶快帮它们找一找。"

二、活动内容

1.请家长和小朋友说一说生活中常见的鞋子样子。

2.请家长和小朋友考虑一分钟，除了我们常见的鞋子，你会设计一双怎样的鞋子？

3.请家长和幼儿共同设计。

4.作品展示，请家长和幼儿共同讲解鞋子的作用。

活动三 家长进课堂

活动地点

幼儿园活动室。

活动时间

6月。

活动负责人

各班班主任。

活动人员

各班全体幼儿、班级老师以及授课家长。

活动目标

1. 了解一些常见的职业,了解不同职业的工作特点。

2. 开阔眼界,拓宽思维。

3. 获得安全自我防护、日常健康常识等方面的教育。

活动安排

第一周:警察家长进课堂(小一班),内容"健康成长最重要"。

第二周:护士家长进课堂(中三班),内容"洗手七步法"。

　　　　记者家长进课堂(大二班),内容"今日我主播"。

第三周:医生家长进课堂(小四班),内容"保护牙齿"。

第四周:交通警察进课堂(小三班),内容"交通安全我知道"。

注意事项

1. 活动过程中,班级老师要注意对幼儿做好常规要求,告知幼儿不能随意跑动或大声喧哗,教育幼儿遵守公共场合秩序,尊重他人劳动成果。

2. 活动后,班级老师注意收集资料,及时上传网站。

第三节
自我成长类课程实践之角色体验篇

活动一　父亲节DIY蛋糕制作活动

活动背景

父亲节到了,我们将带孩子和父亲们走进蛋糕店,带孩子一起制作送给父亲的礼物——卡通蛋糕,在制作的过程中感受做蛋糕的乐趣,由衷地表达对父亲的爱,进一步促进父子之情。

给孩子一次表达爱的机会,我们将还孩子一个美好回忆。

活动时间

6月17日上午8:20—9:30。

活动目标

1. 亲子制作蛋糕,表达对父亲的爱。
2. 培养动手操作、获得创意的能力,体验制作的快乐。

活动准备

报名统计、安全责任书签订、收费、统计蛋糕样式。

活动过程

1. 6月13日发起活动邀请(制作"感恩父亲节,相约提拉米苏"活动邀请函)。

2. 教师统计报名人员。

3. 请家委会财务委员收费,每位家长准备好费用。(收费表)

4. 6月15日统计每个孩子需要制作的蛋糕样式。(统计表)

5. 6 月 16 日下午签订安全责任书。

6. 6 月 17 日上午 8:10 之前家长带着孩子到达蛋糕店门口集合。

7. 请蛋糕师介绍具体活动安排。

工作人员与家长互动—蛋糕师介绍制作方法—亲子制作蛋糕—评选作品—颁发奖品。

8. 教师做好拍照、录制视频宣传工作,将拍摄的照片和视频发到班级群进行宣传。

9. 活动结束后集合家长和孩子安全回园。

10. 活动结束制作宣传片对本次活动进行宣传。

活动二 亲子做寿司

活动时间

9 月 30 日 16:30—17:30。

活动目标

1. 培养动手能力,增强亲子交流,在制作、品尝美食中感受亲子之情。

2. 体验做寿司的乐趣,培养自信心,热爱生活,热爱劳动。

3. 养成遵守纪律、认真细心、勤俭节约的良好习惯。

活动重难点

重点:培养孩子动手能力,增强亲子交流,让孩子在制作、品尝美食中感受浓浓的亲子情。

难点:体验做寿司的乐趣,培养自信心,热爱生活,热爱劳动。

活动准备

1. 教师准备。

制作寿司视频、做好的寿可图片。

2. 家长自备。

水果刀工、小盘子 1 个,一次性手套,盛放寿司的塑料盒,紫菜片,胡萝卜。

蒸好凉透的米饭、黄瓜、番茄酱、寿司竹帘,自备垃圾袋一个。

活动开始前幼儿和家长需把手洗干净。

活动过程

家长提前一天签好安全责任书。

活动开始前先把孩子分成两大组,家长进来之后有序坐到孩子身后。

一、图片导入,激发孩子们的兴趣

今天老师就给大家介绍一种美食。来,我们先去看一看。(出示课件图片:展示各种各样的寿司图片)

二、动画激趣,了解寿司的文化背景

孩子们想知道我们这么美味的寿司是怎么做出来的吗?(播放课件)

三、视频引领,初步了解寿司的步骤

1. 观看制作寿司视频。

2. 请幼儿看看说说做寿司的材料和大体步骤。

四、讲解注意事项

1. 紫菜如何使用——了解紫菜的小学问(家长协助)。

紫菜有两个面,光滑的是正面,粗糙的是反面,我们做寿司的时候是正面(光滑)朝下,正面朝上铺紫菜,这样米饭和粗糙的一面能更好地贴合,做出的紫菜包饭效果会更好。现在请大家把紫菜正面朝下,反面朝上,并顺着纹理放在桌上。

2. 铺米饭——掌握铺的小技巧(家长协助)。

其实米饭的选择非常重要,我们要用又软又黏的米饭,而且之前要先把米饭用香油、少许盐调好味,这样吃起来才有味道。铺米饭是有技巧的,请孩子们认真看、认真听,你会发现不少奥秘。我们用手把米饭从紫菜的中间位置一点一点地开始铺。

最上边不要铺,留出两指的位置,然后用手指把米饭压平,要均匀。

3. 放材料——创造自己的寿司。

接着我们就进行第三步,放材料。

大家可以根据自己的口味放食材。如黄瓜、胡萝卜等等。为了让寿司口味更好,你也可以加点番茄酱等。当然这些材料之前都要经过处理,就像我们现在看到的:黄瓜、胡萝卜要切成手指粗细的条。其实做什么事情只要提前做好准备,都会提高我们的效率,放材料要从靠近我们的这边开始放。

4. 卷寿司——学习卷寿司的小口诀。

为了更好地掌握做寿司的技巧,老师特别设计了一首小口诀:"一握要抓紧;二卷力要均;三滚要齐整。"我们在卷的时候一定注意一开始就卷紧,而且卷的时候力道要均匀。

5. 切寿司。

6. 品尝寿司——可以和好朋友分享。

五、活动结束,整理卫生

活动反思

这次做寿司的亲子活动,既能丰富孩子们的经验,又能增进孩子和家人间的感情,同时也让家长体会到了创作和成功的乐趣。此次活动具有有效的认知功能,通过观看视频,让大家直观地了解做寿司的过程和方法,引发孩子们的动手欲望。在活动开展之前,游戏的设置让孩子们兴致满满,接下来孩子和家长们纷纷动手开始制作,切黄瓜条,铺米饭,排番茄酱,切火腿肉。大家伙儿都忙开了,各自忙着各自的"流水线"。把所有食材准备就绪后,大家开始用寿司卷制作寿司,加点黄瓜、撒点肉松、涂点沙司,卷一卷,再用刀切成一小块一小块,亲手制作的寿司"出炉"了。大家品尝着各自制作的寿司,谈论着制作工艺,享受着亲自动手制作后的快乐。此次活动更向家长们传递了幼儿园的教育理念,让孩子们体会到学习的快乐,享受成功的喜悦。活动得到了家长们的大力支持与认可,认为此类亲子活动值得开展。此次活动为家长们搭建了参与的平台,而在平时的活动中,可能我们都觉得这个孩子们不会做或者是为了怕影响作品的美观,所以很少提供给孩子动手的机会,也就让孩子们失去了一次最好的动手学习的机会。活动中,孩子们是快乐的,家长们是快乐的。活动在一个半小时后结束了,大家带着自己亲手制作的寿司回家,与家人也一起品尝这一份美味。虽然活动时间不长,但意义非凡。孩子和家长们的投入制作、欢乐品尝,都已经说明了活动的意义,也期待着下一次活动开展得更精彩。

图书在版编目(CIP)数据

家园共育课程/董颖春著. —上海:复旦大学出版社,2019.10 (2023.3 重印)
(全国幼儿园特色课程)
ISBN 978-7-309-14446-8

Ⅰ.①家… Ⅱ.①董… Ⅲ.①学前教育-教学研究 Ⅳ.①G612

中国版本图书馆 CIP 数据核字(2019)第 132475 号

家园共育课程
董颖春 著
责任编辑/谢少卿 夏梦雪

复旦大学出版社有限公司出版发行
上海市国权路 579 号 邮编:200433
网址:fupnet@fudanpress.com http://www.fudanpress.com
门市零售:86-21-65102580 团体订购:86-21-65104505
出版部电话:86-21-65642845
江苏凤凰数码印务有限公司

开本 787×1092 1/16 印张 8 字数 101 千
2019 年 10 月第 1 版
2023 年 3 月第 1 版第 4 次印刷

ISBN 978-7-309-14446-8/G·1990
定价:35.00 元

如有印装质量问题,请向复旦大学出版社有限公司出版部调换。
版权所有 侵权必究